国家高新区
创新能力监测报告

2019

中华人民共和国科学技术部 编

科学技术文献出版社
SCIENTIFIC AND TECHNICAL DOCUMENTATION PRESS
·北京·

图书在版编目（CIP）数据

国家高新区创新能力监测报告. 2019 / 中华人民共和国科学技术部编. —北京：科学技术文献出版社，2020.8
ISBN 978-7-5189-7007-0

Ⅰ.①国⋯ Ⅱ.①中⋯ Ⅲ.①高技术产业区—产业发展—研究报告—中国—2019 Ⅳ.① F127.9

中国版本图书馆 CIP 数据核字（2020）第 150592 号

国家高新区创新能力监测报告2019

| 策划编辑：李 蕊 | 责任编辑：张 红 | 责任校对：张永霞 | 责任出版：张志平 |

出　版　者　科学技术文献出版社
地　　　址　北京市复兴路15号　邮编 100038
编　务　部　（010）58882938，58882087（传真）
发　行　部　（010）58882868，58882870（传真）
邮　购　部　（010）58882873
官方网址　www.stdp.com.cn
发　行　者　科学技术文献出版社发行　全国各地新华书店经销
印　刷　者　北京时尚印佳彩色印刷有限公司
版　　　次　2020年8月第1版　2020年8月第1次印刷
开　　　本　889×1194　1/16
字　　　数　121千
印　　　张　8
书　　　号　ISBN 978-7-5189-7007-0
定　　　价　98.00元

版权所有　违法必究

购买本社图书，凡字迹不清、缺页、倒页、脱页者，本社发行部负责调换

《国家高新区创新能力监测报告 2019》
编辑委员会

主　　任：徐南平

副 主 任：贾敬敦　张卫星　许　倞　包献华

委　　员：李有平　赵树璠　张　旭　陈宏生

编写组成员：（按姓氏拼音为序）

　　　　　　曹煜中　陈　钰　陈志军　谷潇磊

　　　　　　胡　也　李　享　李志远　强小哲

　　　　　　秦浩源　王光辉　玄兆辉　张　洁

　　　　　　张　琳　张艳秋　周　力　朱迎春

前言

全面实施创新驱动发展战略，已经成为中国提高社会生产力和综合国力的战略支撑。科技工作在党和国家全局工作中的战略地位进一步提升，习近平总书记多次就科技创新发表重要讲话，对实施创新驱动发展战略做出明确指示。2014 年，深入谋划和落实创新驱动发展战略进入关键之年，各项工作加快推进。根据《中共中央国务院关于深化科技体制改革加快国家创新体系建设的意见》（中发〔2012〕6 号）关于"建立全国创新调查制度，加强国家创新体系建设监测评估"的要求，科技部、统计局牵头，发展改革委、教育部、工业和信息化部、财政部、国资委、知识产权局、中科院、工程院、发展研究中心、国防科工局、中国科协、全国工商联等部门共同参加，组织建立国家创新调查制度。2017 年，科技部、统计局联合印发了《国家创新调查制度实施办法》，对创新活动统计调查和创新能力监测评价工作提出了具体要求。

国家创新调查制度是建立在科学、规范的统计调查基础上，对国家创新能力进行全面监测和评价的制度安排。国家高新区是中国重要的创新密集区，对其创新活动进行监测与评价是国家创新调查制度的重要组成部分。《国家高新区创新能力监测报告2019》以创新能力监测指标体系为依据，以 2015—2018 年国家高新区统计数据为基础，通过对国家高新区创新发展进行监测，全面反映 4 年来国家高新区的创新活动特征和创新成效，为开展国家高新区创新评价提供重要的数据基础。

本报告由科技部火炬中心会同规划司、成果与区域司共同完成。

《国家高新区创新能力监测报告 2019》
编辑委员会

目录 Contents

一、国家高新区的发展历程及建设成就 1
（一）国家高新区的发展历程 1
（二）国家高新区的建设成就 3
（三）近 4 年国家高新区发展情况 4

二、国家高新区创新能力监测指标体系及设计说明 7
（一）作用意义 7
（二）设计原则 7
（三）国家高新区创新能力监测指标体系 8

三、国家高新区创新能力监测指标数据 9
（一）国家高新区综合指标 9
（二）国家高新区企业指标 35

四、国家高新区创新能力监测指标解释 113
（一）国家高新区综合指标 113
（二）国家高新区企业指标 114

一、国家高新区的发展历程及建设成就

（一）国家高新区的发展历程

创建国家高新技术产业开发区（以下简称国家高新区），是党中央、国务院在推进国家改革开放和社会主义现代化建设进程中做出的重大战略部署。1985年3月，中共中央发布《关于科学技术体制改革的决定》，提出"为加快新兴产业的发展，要在全国选择若干智力资源密集的地区，采取特殊政策，逐步形成具有不同特色的新兴产业开发区"，这是国家高新区首次作为国家战略提出。随着改革开放的逐步深入，大批立志技术强国、使中国紧跟世界高技术发展潮流的科研人员投身高新技术产业化洪流，在各地兴办了一批高新技术企业，其中在北京中关村地区形成了"中关村电子一条街"。1988年5月，以"中关村电子一条街"为基础，国务院批准成立中国第1家国家高新区——北京市新技术产业开发试验区，也就是中关村科技园区的前身，拉开了中国建设国家高新区的序幕。同年8月，批准实施发展中国高新技术产业的指导性计划——火炬计划，明确把创办高新区作为火炬计划的重要组成部分。1991年3月，国务院批准建立26家国家高新区并制定全国使用的扶持政策；在邓小平同志"南方讲话"的指引下，1992年11月，国务院又批准建立25家国家高新区。自此以国家高新区为载体推进高新技术产业化的国家导向初步形成，国家高新区成为以智力密集和开放环境条件为依托，主要依靠国内的科技和经济实力，充分吸收和借鉴国外先进科技资源、资金和管理手段，通过实施高新技术产业的优惠政策和各项改革措施，实现软硬环境的局部优化，最大限度地把科技成果转化为现实生产力而建立起来的集中区域。

2007年之后，国务院在全国范围内分不同阶段和不同批次又陆续批复了新的国家高新区建设；尤其 2012 年后，国务院批复国家高新区建设的速度进一步加快，这使得 30 年来国家高新区的队伍和规模不断发展壮大。截至 2019 年年底，经国务院批准（复）建设的国家高新区数量达到 169 家，分布在除西藏外的 30 个省（区、市）。

回顾国家高新区 30 多年的发展历程，大致可以分为 4 个发展阶段。第 1 个阶段是 20 世纪 90 年代，即"一次创业"阶段，国家高新区伴随着改革开放的春风，以"两免三减半"等政策和土地优惠为特征，着眼于集聚生产要素，快速形成产业基础和经济规模。第 2 个阶段是 21 世纪前 10 年，即"二次创业"阶段，首批建设的国家高新区已普遍初具规模，随着中国加入 WTO，国家高新区重点以内涵增长为主要特征，旨在实现"五个转变"[①]，更加注重产业价值链升级和技术创新。第 3 个阶段是 2010—2018 年，国家高新区进入"创新驱动战略提升"阶段，特别是党的十八大以来，在国际竞争日趋激烈和中国发展动力转换的形势下，创新驱动发展成为国家战略，国家高新区面临全新机遇期和战略任务，产业转型升级迫在眉睫，全面推进理论创新、制度创新、科技创新、文化创新，既是形势发展和应对各种挑战的客观需要，也是国家高新区承载引领创新驱动发展的历史使命。国家高新区开始从产业园区向科技生态社区转变，更加注重打造创新创业生态，更加注重产城融合发展，更加注重提升自主创新能力和新兴业态的培育，这些变化和时代要求，推动了国家高新区进入"创新驱动战略提升"阶段。第 4 个阶段是 2018 年至今，2018 年年底国家高新区建设 30 周年座谈会召开，会议提出，经过 30 年发展，国家高新区已成为中国创新发展的重要阵地，正迈入"创新驱动高质量发展"的新阶段。在创新驱动发展的全新时期，国家高新区要进一步发挥先发优势，努力建设成为创新驱动发展示范区和高质量发展先行区。

鉴于国家高新区所处的不同发展阶段和不同发展水平，科技部火炬中心积极组织实施国家高新区战略提升行动计划，加强对国家高新区的分类指导，全面推进世界一流高科技园区、创新型科技园区和创新型特色园区 3 类园区建设，发挥好 3 类园区的示范引领和辐射带动作用，实现了对国家高新区差异化、特色化的工作指导和管理原则。北京中关村、上海张江、武汉东湖等 10 家园区加入创建世界一流高科技园区序列，

---

① "五个转变"即由主要依靠土地、资金等要素驱动向主要依靠技术创新驱动转变；由依靠优惠政策、招商引资向优化创新创业环境、培育内生发展动力转变；推动产业发展由大而全、小而全向集中优势发展特色产业、主导产业转变；由注重硬环境建设向注重优化配置科技资源和提供优质服务的软环境转变；由面向国内市场为主向引进来与走出去相结合、大力开拓国际市场转变。

积极培育具有国际影响力和竞争力的创新型产业集群，打造全球性创新极和新型产业策源地。天津、长春、厦门等18家国家高新区积极创建创新型科技园区，加快创新资源集聚，构建创新网络，发展创新经济，打造区域创新中心。大连、石家庄、襄阳等29家国家高新区开始创建创新型特色园区，大力发展特色产业集群，引领区域经济结构调整和发展方式转变。

（二）国家高新区的建设成就

自成立以来，国家高新区高举"发展高科技，实现产业化"的旗帜，始终把激发创新创业活力、培育高新技术产业化主体和营造创新发展环境作为核心任务，加强中央和地方的结合、政府和市场的结合、科技和经济的结合，已经成为中国依靠科技进步和技术创新支撑经济社会发展、走中国特色自主创新道路的一面旗帜，成为中国高新技术产业发展的主要战略力量，成为引领创新发展和可持续发展的重要阵地。

2018年，国家高新区持续深入实施创新驱动发展战略，培育和发展战略性新兴产业，壮大高新技术产业集群，探索经济发展新模式和辐射带动周边区域新机制，在自主创新能力提升、产业竞争力提升、引领辐射力提升、国际影响力提升方面取得明显成绩。

在总体发展方面，2018年，国家高新区园区生产总值达到11.06万亿元，占全国国内生产总值的比重达12.0%[①]，其中高新区园区生产总值占所在城市GDP的比重达50%以上的为8家，30%以上的为23家，20%以上的为49家。截至2018年年底，国家高新区工商注册企业231.8万家，其中当年新注册企业46.9万家。

在经济发展方面，2018年，国家高新区火炬入统企业共实现营业收入346 213.9亿元、净利润23 918.1亿元、上缴税额18 650.5亿元、出口总额37 263.8亿元，营业收入、净利润、上缴税额和出口总额同比分别增长9.4%、8.2%、4.9%、8.1%。截至2018年年底，169家国家高新区出口总额占全国外贸出口（货物及服务出口18.18万亿元）的比重为20.5%；实缴税费占全国税收收入（15.64亿元）的12.0%；固定资产投资占全国固定资产投资（不含农户）的6.7%。

---

① 按照国家统计局2019年11月修订后的GDP（919 281亿元）计算，国家高新区园区生产总值占比为12.0%。

在科技创新方面,截至 2018 年年底,169 家国家高新区企业从事科技活动人员 428.1 万人,占全部从业人员总数的 20.5%,较 2017 年提高 0.9 个百分点;R&D 人员 258.4 万人,每万名从业人员中 R&D 人员为 847.2 人年,是全国每万名从业人员中 R&D 人员(54.0 人年)的 15.7 倍。高新区企业从业人员中具有本科以上学历的人员为 764.8 万人,占从业人员总数的比例为 36.6%。高新区企业 R&D 经费内部支出 7455.7 亿元,占全国企业 R&D 经费支出的 48.9%。国家高新区企业研发经费支出与园区生产总值的比例为 6.7%,是全国研发经费支出与国内生产总值比例(2.19%)的 3.1 倍。高新区内企业当年专利申请数为 67.4 万件,其中申请国内发明专利 30.1 万件,占全国发明专利申请总量(154.2 万件)的 19.5%;当年专利授权数达到 40.4 万件,其中国内发明专利授权 11.1 万件,占全国发明专利授权量(43.2 万件)的 25.7%;高新区内企业共拥有有效专利 192.2 万件,其中拥有境内发明专利 64.7 万件,占全国发明专利拥有量(236.6 万件)的 27.3%。

(三)近 4 年国家高新区发展情况

2018 年,全国 169 家国家高新区工商注册企业数 231.8 万家,其中当年新注册企业数 46.9 万家,当年认定的高新技术企业数 2.0 万家。近 4 年,剔除新升级高新区数量增加的因素影响,高新区内工商注册企业数、当年新注册企业数、当年认定的高新技术企业数的复合增长率分别为 24.2%、25.2% 和 25.8%(表 1-1)。

表1-1 国家高新区内企业变化情况

年份	高新区数量/家	工商注册企业数/万家	当年新注册企业数/万家	当年认定的高新技术企业数/万家
2015	147	117.1	23.2	1.0
2016	147	147.0	29.8	0.9
2017	157	185.3	39.9	1.5
2018	169	231.8	46.9	2.0
复合增长率		24.2%	25.2%	25.8%

2018年，全国169家国家高新区实现营业收入34.6万亿元，其中高技术产业实现营业收入11.2万亿元，占比32.3%；实现出口总额3.7万亿元，其中技术服务出口额2210亿元，占比6.0%；资产负债率为57.1%，较前两年略有下降。近4年，剔除新升级高新区数量增加的因素影响，国家高新区营业收入复合增长9.4%，高技术产业营业收入复合增长10.1%，出口总额复合增长5.4%，技术服务出口额复合增长20.5%，净利润复合增长12.5%（图1-1）。

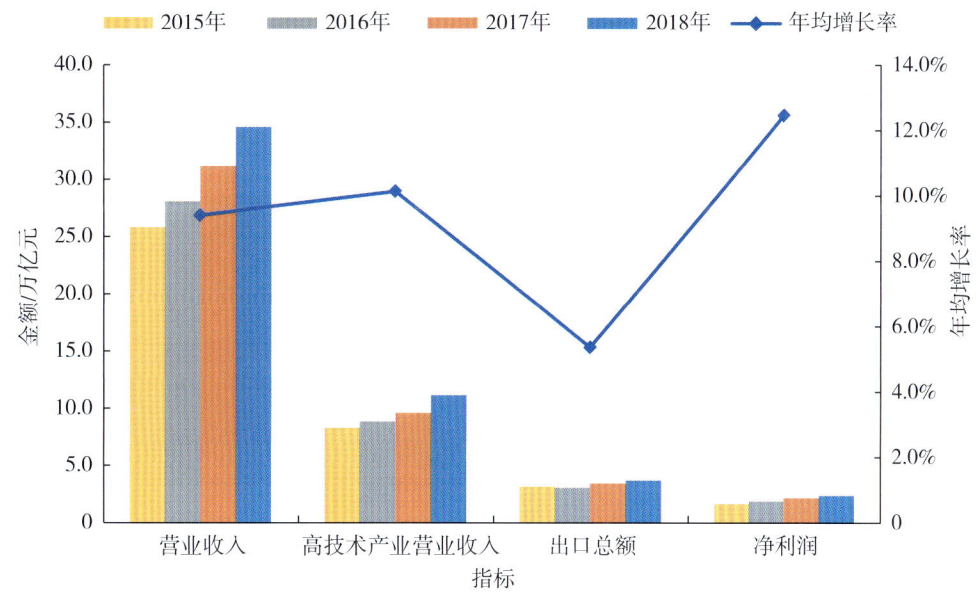

图1-1 近4年国家高新区主要经济指标情况

2018年，全国169家国家高新区R&D经费内部支出7455.7亿元，技术合同成交额4769.4亿元，开展产学研合作的科技活动费用支出837.4亿元，高新区企业拥有重要知识产权328.7万件，拥有欧美日专利及境外注册商标16.0万件。近4年，剔除新升级高新区数量增加的因素影响，国家高新区R&D经费内部支出复合增长16.4%，技术合同成交额复合增长21.0%，高新区企业拥有欧美日专利及境外注册商标数复合增长37.4%（图1-2）。

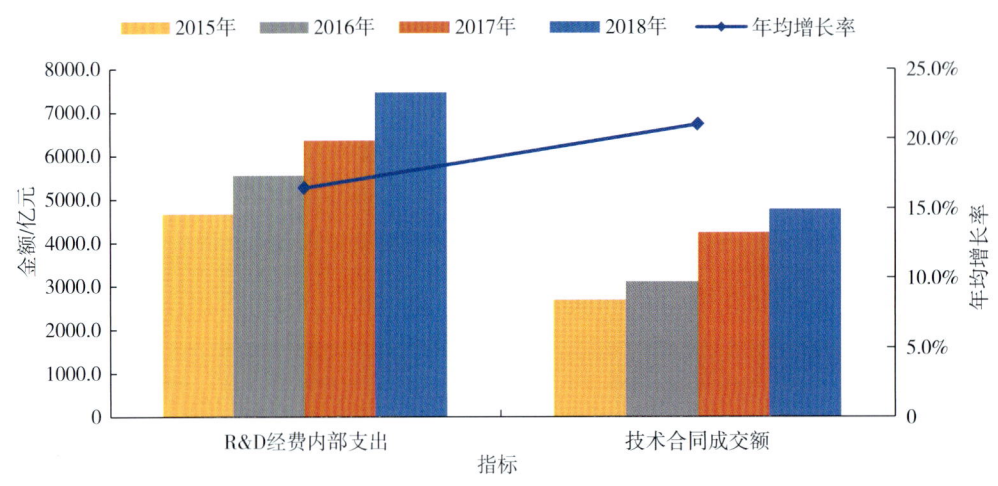

图 1-2 近 4 年国家高新区科技相关指标情况

2018 年，全国 169 家国家高新区企业从业人员 2091.6 万人，其中高技术服务业从业人员 415.8 万人，留学归国人员 16.3 万人，外籍常住人员 7.3 万人，R&D 人员折合全时当量 177.2 万人年。近 4 年，剔除新升级高新区数量增加的因素影响，企业从业人员复合增长 5.1%，高技术服务业从业人员复合增长 13.8%，留学归国人员复合增长 11.7%，外籍常住人员复合增长 3.9%，R&D 人员折合全时当量复合增长 14.1%（表 1-2）。

表1-2 近4年国家高新区企业从业人员情况

年份	企业从业人员/万人	高技术服务业从业人员/万人	留学归国人员/万人	外籍常住人员/万人	R&D 人员折合全时当量/万人年
2015	1746.5	281.3	11.6	6.4	116.9
2016	1833.6	319.1	12.6	6.7	132.8
2017	1968.9	372.6	13.5	7.3	164.9
2018	2091.6	415.8	16.3	7.3	177.2
复合增长率	5.1%	13.8%	11.7%	3.9%	14.1%

二、国家高新区创新能力监测指标体系及设计说明

（一）作用意义

从国家宏观层面来看，创新能力监测的任务是基于政府统计调查和科学设计指标，发布客观反映国家、区域和企业等创新活动的数据。国家高新区作为典型创新密集区的代表，对其创新能力监测的任务就是筛选和整理出一系列反映创新活动特质的数据指标，可以从数量的层面直观展现国家高新区在创新资源条件、创新要素投入、创新成果产出、创新活动绩效、开放合作创新、创新驱动发展等各个方面的成效。

从高新区微观层面来看，国家高新区创新能力监测指标可为各国家高新区的发展提供指引。随着国家高新区创新能力监测的持续开展，各国家高新区在创新能力监测指标的基础上，一方面，能够更好地挖掘和分析其在国家高新区序列中的优势和劣势，发现机遇、迎接挑战、弥补不足，更加明确园区自身的发展方向和定位；另一方面，各国家高新区也可以参考国家高新区创新能力监测指标，结合自身特点，建立和形成适应各自园区特点的创新能力监测指标，对园区的创新发展进行动态监测。

（二）设计原则

为了科学、客观地为中国国家高新区创新能力监测和评价提供数据支撑，监测指标的建立应遵循以下原则。

①面向社会公开，增强各界参与。生成监测指标的基础数据均来源于政府统计公

开出版物，以便于社会各界进行核实和索引。

②强调规范可行，持续拓展完善。尽量利用现有的统计制度平台，相应增加评价所需数据并加入国家高新区综合统计报表，保障指标体系的准确性、连续性和拓展性。

（三）国家高新区创新能力监测指标体系

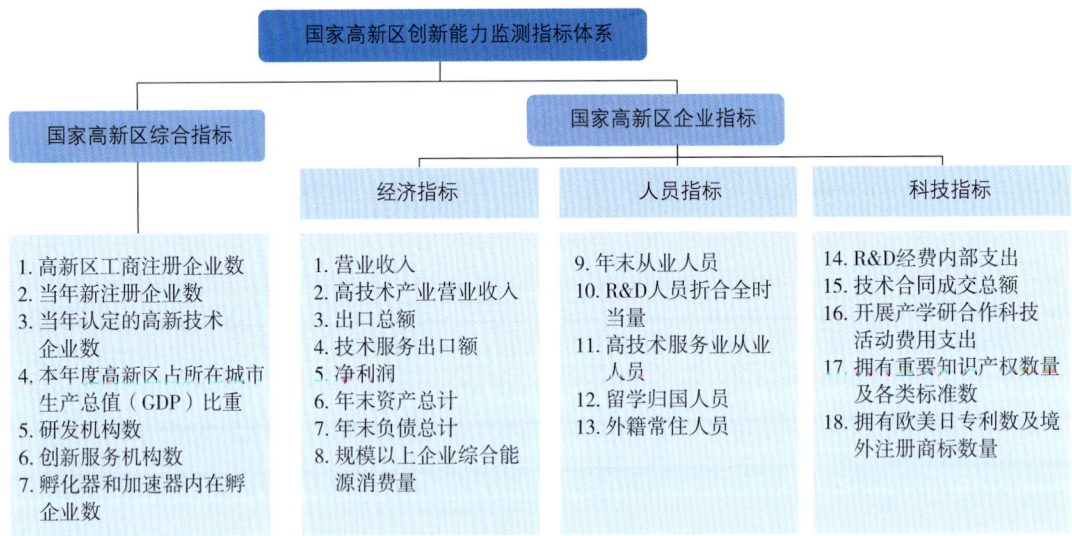

三、国家高新区创新能力监测指标数据

（一）国家高新区综合指标

见表 3-1 至表 3-4。

表3-1　2015年国家高新区综合指标

高新区名称	高新区工商注册企业数/家	当年新注册企业数/家	当年认定的高新技术企业数/家	本年度高新区占所在城市生产总值（GDP）比重	研发机构数/家	创新服务机构数/家	孵化器和加速器内在孵企业数/家
中关村	345 837	52 000	4224	37%	1109	244	6676
天津	9076	1503	189	12%	241	43	1964
石家庄	6579	1705	60	7%	88	17	854
唐山	2568	673	5	2%	46	17	140
保定	5048	1063	16	13%	55	15	444
承德	1319	257	1	4%	17	2	47
燕郊	5618	1151	7	66%	34	1	81
太原	3700	1106	65	15%	40	3	424
长治	2227	464	18	12%	14	0	75
呼和浩特	426	40	0	2%	8	0	13
包头	6082	1115	20	15%	49	4	289
沈阳	14 005	2701	35	6%	163	29	1436
大连	4739	829	39	4%	50	3	530
鞍山	2390	216	8	26%	123	4	336

续表

高新区名称	高新区工商注册企业数/家	当年新注册企业数/家	当年认定的高新技术企业数/家	本年度高新区占所在城市生产总值（GDP）比重	研发机构数/家	创新服务机构数/家	孵化器和加速器内在孵企业数/家
本溪	993	102	1	8%	40	17	60
锦州	1274	270	0	10%	20	0	95
营口	756	66	3	11%	41	5	104
阜新	1682	246	1	10%	60	4	89
辽阳	322	46	2	16%	23	6	14
长春	6376	1939	41	21%	222	29	928
长春净月	4093	962	2	13%	55	6	187
吉林	3150	482	1	11%	24	1	246
通化	495	66	0	23%	15	8	79
延吉	445	42	0	35%	1	0	88
哈尔滨	5183	911	13	10%	127	10	809
齐齐哈尔	245	5	0	3%	33	5	42
大庆	3860	865	23	18%	65	7	735
上海	28 818	6982	993	13%	621	99	3913
上海紫竹	955	236	8	1%	158	8	100
南京	4765	1520	74	25%	542	16	978
无锡	23 465	3144	60	15%	228	8	1391
江阴	552	36	22	24%	34	4	290
徐州	915	139	7	5%	124	3	136
常州	19 240	5240	30	26%	191	45	446
武进	5304	989	21	6%	113	7	1087
苏州	19 869	3147	116	19%	352	25	772
昆山	19 203	4960	96	25%	180	8	500
苏州工业园	48 792	13 650	120	30%	725	86	2255
常熟	2663	432	11	15%	75	5	213

续表

高新区名称	高新区工商注册企业数/家	当年新注册企业数/家	当年认定的高新技术企业数/家	本年度高新区占所在城市生产总值（GDP）比重	研发机构数/家	创新服务机构数/家	孵化器和加速器内在孵企业数/家
南通	3588	374	18	13%	227	12	324
连云港	2107	135	15	10%	86	8	299
盐城	2434	614	11	6%	54	8	109
扬州	1587	228	6	6%	101	4	223
镇江	5580	1200	7	15%	23	1	278
泰州	6420	1172	10	7%	53	5	170
杭州	24 337	6235	67	9%	599	57	947
萧山	4922	783	10	3%	16	2	0
宁波	12 191	2863	13	7%	71	52	460
温州	12 648	1918	7	8%	39	2	184
嘉兴	1230	80	20	10%	79	5	275
湖州莫干山	2786	1185	8	42%	9	2	98
绍兴	7033	942	4	4%	12	2	157
衢州	1965	166	10	20%	50	6	0
合肥	10 304	2198	95	23%	244	50	1976
芜湖	1160	485	11	14%	60	6	187
蚌埠	1862	439	20	19%	129	38	149
马鞍山	2028	111	14	12%	36	10	302
福州	432	105	8	5%	30	4	223
厦门	2057	487	130	15%	156	19	585
莆田	427	72	10	20%	35	2	36
三明	320	52	3	8%	13	0	25
泉州	2213	280	41	9%	73	10	160
漳州	2538	463	49	19%	71	2	26
龙岩	909	283	2	14%	9	0	20

续表

高新区名称	高新区工商注册企业数/家	当年新注册企业数/家	当年认定的高新技术企业数/家	本年度高新区占所在城市生产总值（GDP）比重	研发机构数/家	创新服务机构数/家	孵化器和加速器内在孵企业数/家
南昌	4329	1401	12	11%	97	11	706
景德镇	1206	254	7	38%	44	23	114
新余	2362	672	14	47%	22	6	176
鹰潭	574	60	7	15%	34	6	25
赣州	336	52	3	58%	17	6	86
吉安	256	36	8	51%	3	1	0
抚州	2174	566	8	12%	18	1	22
济南	14 898	4352	64	20%	221	24	727
青岛	4020	678	79	6%	133	27	723
淄博	5308	1572	23	18%	76	10	600
枣庄	1943	340	0	19%	6	2	162
黄河三角洲	98	18	0	1%	3	0	0
烟台	3399	871	10	3%	44	7	527
潍坊	7826	2526	22	16%	228	31	422
济宁	9566	2830	66	19%	153	33	618
泰安	2049	534	17	6%	84	4	139
威海	7333	1566	5	20%	73	13	322
莱芜	2357	386	2	16%	24	1	87
临沂	2576	598	10	13%	42	9	284
德州	336	40	5	43%	32	10	6
郑州	29 330	5137	69	9%	736	16	1328
洛阳	2238	470	13	13%	104	15	510
平顶山	779	169	1	5%	2	0	87
安阳	1405	676	0	8%	37	1	280
新乡	1348	82	6	9%	62	8	309

续表

高新区名称	高新区工商注册企业数/家	当年新注册企业数/家	当年认定的高新技术企业数/家	本年度高新区占所在城市生产总值（GDP）比重	研发机构数/家	创新服务机构数/家	孵化器和加速器内在孵企业数/家
焦作	1344	288	0	6%	43	4	146
南阳	1659	193	5	21%	40	9	127
武汉	35 982	9621	231	31%	542	46	2200
宜昌	3485	720	34	17%	128	8	215
襄阳	9225	1758	57	26%	66	7	191
荆门	882	203	23	24%	45	15	341
孝感	2364	477	34	27%	86	12	145
随州	1334	168	11	37%	34	3	69
仙桃	1222	348	7	60%	10	3	0
长沙	2711	260	129	17%	688	91	1811
株洲	1202	136	35	29%	146	21	522
湘潭	951	105	5	30%	50	13	258
衡阳	2406	644	7	15%	92	9	125
益阳	445	30	8	15%	71	4	63
郴州	531	62	2	10%	15	0	7
广州	6018	941	233	8%	567	42	2073
深圳	7675	170	354	10%	122	22	727
珠海	3719	389	51	28%	110	5	387
佛山	1444	286	78	14%	308	19	915
江门	652	81	49	8%	64	14	353
肇庆	1062	165	11	11%	38	4	97
惠州	9923	1790	30	18%	165	10	390
源城	416	51	6	16%	30	6	42
清远	666	173	5	7%	21	1	59
东莞	2574	871	30	4%	100	18	404

续表

高新区名称	高新区工商注册企业数/家	当年新注册企业数/家	当年认定的高新技术企业数/家	本年度高新区占所在城市生产总值（GDP）比重	研发机构数/家	创新服务机构数/家	孵化器和加速器内在孵企业数/家
中山	8253	1397	50	15%	70	5	246
南宁	16 769	3154	95	18%	168	25	432
柳州	3271	213	61	31%	134	4	169
桂林	14 015	3993	4	17%	70	10	324
北海	320	66	2	17%	24	3	156
海口	558	85	6	7%	22	7	109
重庆	28 656	4475	94	5%	227	27	510
璧山	280	45	15	1%	43	1	0
成都	69 535	18 196	118	26%	277	117	1232
自贡	4884	1063	11	22%	39	12	97
攀枝花	420	28	4	9%	5	2	54
泸州	544	11	13	14%	28	9	47
德阳	638	52	10	83%	27	3	82
绵阳	4524	1036	14	15%	41	10	247
乐山	407	54	2	8%	31	9	92
贵阳	8710	3193	41	27%	188	28	522
昆明	9865	1857	21	6%	86	12	306
玉溪	1745	500	9	58%	24	3	0
西安	33 640	7188	110	48%	292	54	1344
宝鸡	7463	1338	5	34%	104	12	132
杨凌	3997	771	2	100%	143	14	307
咸阳	345	18	6	20%	26	11	31
渭南	663	118	1	9%	13	2	28
榆林	1803	400	2	10%	9	3	0
安康	1234	268	4	30%	15	5	184

续表

高新区名称	高新区工商注册企业数/家	当年新注册企业数/家	当年认定的高新技术企业数/家	本年度高新区占所在城市生产总值（GDP）比重	研发机构数/家	创新服务机构数/家	孵化器和加速器内在孵企业数/家
兰州	4800	803	15	14%	149	20	385
白银	465	41	5	28%	46	18	96
青海	505	52	4	9%	32	4	193
银川	151	6	0	16%	12	15	92
石嘴山	208	8	0	10%	20	4	8
乌鲁木齐	7681	1102	18	36%	71	4	372
昌吉	356	40	9	17%	26	1	64
石河子	231	144	0	13%	20	10	0

表3-2　2016年国家高新区综合指标

高新区名称	高新区工商注册企业数/家	当年新注册企业数/家	当年认定的高新技术企业数/家	本年度高新区占所在城市生产总值（GDP）比重	研发机构数/家	创新服务机构数/家	孵化器和加速器内在孵企业数/家
中关村	398 845	53 008	885	40%	1477	275	7668
天津	10 790	1854	516	13%	277	47	1415
石家庄	8561	2681	71	7%	104	20	955
唐山	2889	995	5	20%	50	17	224
保定	6649	1703	12	13%	62	17	680
承德	1609	364	7	4%	16	2	52
燕郊	6980	1362	21	71%	34	1	123
太原	5200	1508	110	14%	40	3	595
长治	2580	412	10	11%	29	0	54
呼和浩特	423	68	3	2%	14	0	36
包头	6360	1330	18	15%	49	4	323

续表

高新区名称	高新区工商注册企业数/家	当年新注册企业数/家	当年认定的高新技术企业数/家	本年度高新区占所在城市生产总值（GDP）比重	研发机构数/家	创新服务机构数/家	孵化器和加速器内在孵企业数/家
沈阳	16 683	3257	57	6%	175	39	1501
大连	9881	2255	56	7%	62	5	739
鞍山	2420	130	8	20%	128	6	310
本溪	1026	137	11	4%	44	17	10
锦州	1779	335	2	8%	38	7	87
营口	970	121	3	14%	65	10	110
阜新	2028	348	4	8%	78	3	56
辽阳	700	66	9	22%	29	8	15
长春	7404	1028	62	22%	262	43	923
长春净月	6302	2209	2	13%	52	6	553
吉林	2915	573	1	12%	25	1	235
通化	660	165	0	24%	15	9	164
延吉	460	36	0	35%	1	0	80
哈尔滨	7551	2368	42	10%	146	11	1061
齐齐哈尔	255	6	3	3%	33	5	77
大庆	4350	897	23	18%	65	7	672
上海张江	36 000	7182	254	13%	648	99	4911
上海紫竹	1271	255	17	1%	166	9	102
南京	7592	2921	142	26%	616	72	1086
无锡	26 721	4625	111	15%	213	26	1489
江阴	4030	709	34	24%	36	5	417
徐州	2360	447	21	25%	132	3	104
常州	21 907	6667	50	20%	208	58	617
武进	5960	1115	30	6%	121	10	1006
苏州	26 545	4612	134	7%	387	30	813

续表

高新区名称	高新区工商注册企业数/家	当年新注册企业数/家	当年认定的高新技术企业数/家	本年度高新区占所在城市生产总值（GDP）比重	研发机构数/家	创新服务机构数/家	孵化器和加速器内在孵企业数/家
昆山	24 917	6160	107	25%	159	15	499
苏州工业园	63 473	15 664	294	14%	790	95	2532
常熟	3254	589	29	16%	84	3	213
南通	3731	381	22	13%	242	13	498
连云港	2231	124	4	10%	88	6	345
盐城	5831	893	19	6%	66	12	208
扬州	2125	603	8	6%	117	6	167
镇江	12 851	2351	58	17%	106	8	557
泰州	7829	1597	11	6%	62	19	405
杭州	29 719	6803	174	9%	645	58	1637
萧山	5933	1093	20	15%	20	3	32
宁波	19 598	4453	26	7%	133	53	379
温州	14 809	2139	32	8%	39	2	263
嘉兴	1416	171	22	10%	98	9	311
湖州莫干山	3411	625	13	45%	20	2	99
绍兴	7831	1047	23	10%	19	2	135
衢州	2369	593	41	21%	55	6	32
合肥	13 705	3537	223	22%	280	52	2578
芜湖	1650	615	20	14%	76	7	229
蚌埠	2323	462	14	21%	150	40	240
马鞍山	2212	184	16	12%	42	11	239
福州	791	359	27	5%	28	4	192
厦门	2509	565	133	15%	213	25	591
莆田	529	104	9	13%	42	3	39
三明	391	71	3	7%	20	0	24

续表

高新区名称	高新区工商注册企业数/家	当年新注册企业数/家	当年认定的高新技术企业数/家	本年度高新区占所在城市生产总值（GDP）比重	研发机构数/家	创新服务机构数/家	孵化器和加速器内在孵企业数/家
泉州	2760	476	39	8%	100	11	128
漳州	2757	219	23	18%	72	2	54
龙岩	1390	384	7	10%	16	0	100
南昌	6011	2356	55	11%	130	18	524
景德镇	1258	266	8	38%	47	24	118
新余	2950	833	18	29%	32	9	261
鹰潭	2170	210	8	14%	31	6	25
赣州	386	50	5	54%	27	8	115
吉安	268	34	8	55%	7	1	0
抚州	2376	639	10	13%	23	3	100
济南	20 711	5798	124	17%	242	28	1016
青岛	5863	1241	85	7%	153	49	618
淄博	6432	1807	32	17%	93	13	599
枣庄	2163	220	4	18%	8	3	237
黄河三角洲	251	13	0	7%	7	0	0
烟台	6546	1774	33	3%	53	8	587
潍坊	10 985	3990	31	14%	229	22	695
济宁	10 271	2982	21	16%	157	46	662
泰安	2498	538	21	6%	111	4	171
威海	10 218	2744	10	20%	90	13	309
莱芜	2921	669	1	16%	27	1	85
临沂	3518	922	9	13%	44	6	370
德州	346	59	6	4%	29	4	43
郑州	32 123	4759	118	15%	762	24	1686
洛阳	3800	722	21	10%	121	13	607

续表

高新区名称	高新区工商注册企业数/家	当年新注册企业数/家	当年认定的高新技术企业数/家	本年度高新区占所在城市生产总值(GDP)比重	研发机构数/家	创新服务机构数/家	孵化器和加速器内在孵企业数/家
平顶山	938	194	4	5%	7	1	102
安阳	2229	1819	4	9%	38	2	278
新乡	1446	98	5	10%	74	9	328
焦作	1554	293	5	6%	44	5	0
南阳	1790	226	3	19%	44	9	122
武汉	47 872	12 613	330	31%	623	76	2808
宜昌	5040	1555	43	13%	144	8	263
襄阳	10 949	1990	56	26%	68	7	198
荆门	6476	987	60	28%	59	23	515
孝感	2993	629	28	28%	93	12	170
随州	2196	352	21	29%	38	7	85
仙桃	1308	286	28	53%	11	3	0
长沙	15 581	4716	190	17%	790	105	2235
株洲	1478	175	38	29%	148	25	713
湘潭	1312	211	10	32%	60	15	339
衡阳	3609	1444	9	15%	110	14	138
益阳	498	53	13	14%	68	5	72
郴州	842	222	5	10%	15	1	7
广州	7655	1747	865	8%	804	51	1870
深圳	9064	1389	488	11%	361	24	1261
珠海	4046	434	153	30%	131	5	391
佛山	3200	466	273	15%	365	25	724
江门	804	152	66	7%	90	12	275
肇庆	1276	215	18	11%	67	4	81
惠州	12 195	2306	94	17%	176	11	482

续表

高新区名称	高新区工商注册企业数/家	当年新注册企业数/家	当年认定的高新技术企业数/家	本年度高新区占所在城市生产总值（GDP）比重	研发机构数/家	创新服务机构数/家	孵化器和加速器内在孵企业数/家
源城	484	68	20	16%	36	6	133
清远	1340	674	19	7%	31	3	127
东莞	3500	1448	96	4%	133	20	745
中山	9819	1974	82	16%	123	11	368
南宁	19 851	3082	124	17%	169	35	551
柳州	4707	1436	93	30%	134	4	185
桂林	12 454	2274	21	17%	98	10	340
北海	398	78	6	17%	26	3	113
海口	1328	770	4	8%	25	8	215
重庆	36 790	5705	133	5%	242	27	535
璧山	687	149	41	59%	50	1	0
成都	83 371	28 650	280	25%	367	118	1412
自贡	6136	1352	4	23%	41	12	91
攀枝花	347	13	2	12%	5	1	58
泸州	980	437	15	14%	31	9	173
德阳	708	70	9	12%	26	4	96
绵阳	9188	2398	28	18%	58	17	380
乐山	560	110	8	19%	20	10	92
贵阳	11 967	3257	35	25%	200	32	640
昆明	11 313	1835	26	6%	93	12	324
玉溪	2503	462	8	55%	27	3	32
西安	41 124	7484	167	48%	458	64	1212
宝鸡	8166	1551	16	36%	112	12	198
杨凌	4047	862	5	100%	140	10	340
咸阳	356	18	4	11%	25	12	47

续表

高新区名称	高新区工商注册企业数/家	当年新注册企业数/家	当年认定的高新技术企业数/家	本年度高新区占所在城市生产总值（GDP）比重	研发机构数/家	创新服务机构数/家	孵化器和加速器内在孵企业数/家
渭南	829	389	6	10%	17	3	65
榆林	2153	350	2	19%	12	6	65
安康	1515	281	5	31%	18	5	214
兰州	5407	872	38	15%	148	21	624
白银	505	40	8	25%	45	18	135
青海	573	68	11	8%	35	4	174
银川	219	66	1	14%	18	15	39
石嘴山	246	10	3	12%	20	5	68
乌鲁木齐	14 300	2200	22	37%	75	4	603
昌吉	461	47	9	18%	28	5	93
石河子	428	325	0	16%	20	10	120

表3-3　2017年国家高新区综合指标

高新区名称	高新区工商注册企业数/家	当年新注册企业数/家	当年认定的高新技术企业数/家	本年度高新区占所在城市生产总值（GDP）比重	研发机构数/家	创新服务机构数/家	孵化器和加速器内在孵企业数/家
中关村	459 311	56 262	907	40%	1477	275	9953
天津	15 211	3102	576	6%	311	51	1460
石家庄	13 729	3588	137	6%	122	15	1093
唐山	3325	1072	20	19%	51	18	283
保定	8510	2082	92	13%	63	17	876
承德	2242	588	6	4%	20	2	51
燕郊	7259	1554	19	67%	40	3	274
太原	5500	1526	54	13%	45	3	692

续表

高新区名称	高新区工商注册企业数/家	当年新注册企业数/家	当年认定的高新技术企业数/家	本年度高新区占所在城市生产总值（GDP）比重	研发机构数/家	创新服务机构数/家	孵化器和加速器内在孵企业数/家
长治	4415	761	19	9%	22	0	86
呼和浩特	537	78	2	1%	15	0	43
包头	7773	1805	52	15%	118	10	477
鄂尔多斯	382	33	5	5%	12	1	110
沈阳	33 738	17 447	78	7%	195	41	1788
大连	12 310	2429	135	9%	78	8	827
鞍山	2480	371	43	17%	130	7	331
本溪	1167	139	33	4%	76	21	86
锦州	2144	345	13	9%	36	7	86
营口	4561	2356	25	7%	75	11	168
阜新	1843	274	14	10%	78	4	56
辽阳	783	83	3	26%	38	10	16
长春	9345	1941	93	20%	275	46	1276
长春净月	8182	1880	10	12%	55	7	719
吉林	3018	603	8	11%	27	1	262
通化	786	198	2	5%	24	11	99
延吉	471	25	1	30%	1	0	85
哈尔滨	12 357	4806	86	10%	147	12	1218
齐齐哈尔	261	6	4	3%	33	5	128
大庆	5354	1106	50	19%	71	24	744
上海张江	38 000	8298	762	13%	705	181	5345
上海紫竹	1679	408	31	1%	167	9	147
南京	9712	3512	176	25%	734	78	1661
无锡	31 783	5531	119	15%	224	30	1708
江阴	4802	772	29	24%	40	11	471

续表

高新区名称	高新区工商注册企业数/家	当年新注册企业数/家	当年认定的高新技术企业数/家	本年度高新区占所在城市生产总值（GDP）比重	研发机构数/家	创新服务机构数/家	孵化器和加速器内在孵企业数/家
徐州	3047	687	15	28%	152	3	178
常州	29 354	7447	141	20%	215	62	788
武进	7150	1790	54	6%	143	10	882
苏州	32 831	6843	176	7%	319	52	1083
昆山	27 517	5904	113	25%	174	18	629
苏州工业园	71 626	12 900	305	14%	946	102	2886
常熟	4134	880	34	16%	87	3	250
南通	4391	475	17	12%	130	12	551
连云港	2290	129	24	9%	90	6	377
淮安	1555	262	5	52%	17	2	0
盐城	4320	1866	33	5%	80	14	303
扬州	2599	506	16	6%	140	10	336
镇江	9116	2420	54	17%	140	12	731
泰州	8962	1970	15	6%	67	25	526
宿迁	1495	343	8	4%	39	1	0
杭州	35 845	8207	257	9%	704	68	2540
萧山	7503	1463	37	14%	57	4	54
宁波	31 862	9325	166	7%	252	68	589
温州	17 165	3216	28	8%	46	29	458
嘉兴	1660	215	39	10%	101	9	343
湖州莫干山	3861	712	22	48%	47	8	123
绍兴	8265	1213	25	10%	22	2	159
衢州	2535	605	42	19%	70	6	86
合肥	21 718	8013	412	22%	389	60	3131
芜湖	1933	702	22	15%	77	9	227

续表

高新区名称	高新区工商注册企业数/家	当年新注册企业数/家	当年认定的高新技术企业数/家	本年度高新区占所在城市生产总值（GDP）比重	研发机构数/家	创新服务机构数/家	孵化器和加速器内在孵企业数/家
蚌埠	2802	501	14	21%	168	37	231
马鞍山	2439	227	18	12%	54	12	358
铜陵狮子山	158	55	9	5%	16	0	16
福州	1300	463	74	4%	28	4	206
厦门	3691	1182	254	16%	248	25	644
莆田	727	198	8	13%	49	6	42
三明	715	98	6	7%	28	5	11
泉州	2908	646	61	9%	115	13	152
漳州	3036	279	25	18%	99	3	29
龙岩	1740	369	17	10%	16	0	100
南昌	7828	2931	115	12%	160	21	704
景德镇	1328	282	15	37%	49	24	127
新余	3400	929	13	28%	48	10	273
鹰潭	2567	350	16	12%	49	11	30
赣州	421	62	10	50%	33	8	135
吉安	305	39	9	53%	11	1	0
抚州	3151	1057	18	12%	29	7	100
济南	30 994	7391	148	17%	275	33	1271
青岛	7621	1387	160	7%	166	49	830
淄博	8944	2833	66	16%	105	31	363
枣庄	2702	677	1	9%	13	3	258
黄河三角洲	263	12	2	2%	7	0	0
烟台	7625	1670	37	3%	59	8	631
潍坊	14 291	3886	87	14%	239	44	818
济宁	11 478	2003	34	16%	162	54	786

续表

高新区名称	高新区工商注册企业数/家	当年新注册企业数/家	当年认定的高新技术企业数/家	本年度高新区占所在城市生产总值（GDP）比重	研发机构数/家	创新服务机构数/家	孵化器和加速器内在孵企业数/家
泰安	4285	884	11	6%	137	13	392
威海	12 828	3116	79	20%	142	17	352
莱芜	3546	704	5	16%	31	3	101
临沂	4810	1292	14	4%	50	8	466
德州	386	63	6	4%	38	4	113
郑州	37 121	5012	179	11%	763	30	1997
洛阳	4475	1577	66	7%	220	19	761
平顶山	1412	489	6	5%	44	7	130
安阳	2765	610	8	7%	38	2	305
新乡	2130	735	22	10%	96	10	374
焦作	1658	309	5	6%	53	9	200
南阳	2008	267	4	19%	45	11	143
武汉	57 137	14 642	803	30%	790	86	3749
宜昌	7290	2250	43	13%	167	11	610
襄阳	11 342	2350	79	25%	74	8	494
荆门	9011	2535	83	30%	219	25	768
孝感	3681	688	54	28%	93	12	216
黄冈	4581	659	183	30%	33	7	648
咸宁	7908	2605	64	36%	67	5	500
随州	2739	458	34	34%	46	7	95
仙桃	1501	293	27	38%	13	3	0
长沙	20 110	5402	353	17%	826	105	2788
株洲	8280	1774	93	29%	161	29	1040
湘潭	2702	1309	37	32%	110	21	426
衡阳	5773	2258	21	14%	120	15	211

续表

高新区名称	高新区工商注册企业数/家	当年新注册企业数/家	当年认定的高新技术企业数/家	本年度高新区占所在城市生产总值（GDP）比重	研发机构数/家	创新服务机构数/家	孵化器和加速器内在孵企业数/家
常德	717	101	16	4%	17	2	167
益阳	556	56	16	16%	64	12	170
郴州	1099	362	18	11%	16	1	121
广州	17 124	10 248	1345	8%	962	58	2312
深圳	11 785	4022	832	11%	371	24	1515
珠海	6492	2446	353	33%	202	23	441
汕头	16 840	2464	112	21%	77	2	126
佛山	6178	701	346	15%	447	25	942
江门	2898	504	112	8%	194	15	360
肇庆	1702	454	43	9%	96	5	176
惠州	14 677	3000	136	16%	234	16	739
源城	1008	249	13	16%	62	11	157
清远	1729	898	36	8%	43	3	177
东莞	4862	1755	107	5%	151	20	1302
中山	11 718	2324	157	12%	171	13	512
南宁	23 378	3527	133	15%	175	36	567
柳州	5038	331	126	29%	158	4	239
桂林	13 764	2469	81	18%	121	19	380
北海	458	80	8	17%	29	3	182
海口	1631	303	6	9%	28	8	243
重庆	39 180	5858	210	6%	254	40	756
璧山	4982	4295	35	52%	125	5	213
成都	114 793	34 557	320	22%	505	128	1674
自贡	7981	1523	4	24%	43	12	146
攀枝花	369	49	4	14%	7	2	60

续表

高新区名称	高新区工商注册企业数/家	当年新注册企业数/家	当年认定的高新技术企业数/家	本年度高新区占所在城市生产总值（GDP）比重	研发机构数/家	创新服务机构数/家	孵化器和加速器内在孵企业数/家
泸州	1787	811	31	15%	36	10	168
德阳	1064	110	15	10%	31	5	123
绵阳	9280	2430	31	18%	67	19	519
内江	521	173	5	8%	26	2	149
乐山	638	78	18	18%	20	10	86
贵阳	14 909	3341	48	24%	254	59	751
安顺	285	84	6	79%	24	8	53
昆明	12 319	1845	31	6%	99	12	390
玉溪	2785	531	7	51%	28	3	95
西安	52 037	10 913	473	41%	502	64	1415
宝鸡	9135	1892	57	36%	119	14	272
杨凌	4744	1221	12	100%	140	10	388
咸阳	792	483	8	12%	33	14	76
渭南	1210	467	6	10%	19	4	117
榆林	2753	600	0	17%	35	8	90
安康	1610	437	6	33%	26	8	226
兰州	6688	1281	43	15%	152	21	766
白银	552	47	12	24%	50	33	147
青海	675	102	11	7%	63	4	265
银川	287	76	0	6%	26	15	59
石嘴山	57	10	6	10%	19	5	118
乌鲁木齐	18 556	4256	57	37%	122	11	823
昌吉	724	263	11	19%	30	5	104
石河子	681	168	1	38%	50	5	77

表3-4 2018年国家高新区综合指标

高新区名称	高新区工商注册企业数/家	当年新注册企业数/家	当年认定的高新技术企业数/家	本年度高新区占所在城市生产总值（GDP）比重	研发机构数/家	创新服务机构数/家	孵化器和加速器内在孵企业数/家
中关村	482 799	61 018	1248	39.4%	1477	902	12 733
天津	25 791	3888	534	7.4%	354	59	1550
石家庄	18 820	5237	257	7.5%	116	37	1090
唐山	4215	1100	51	2.2%	54	18	320
保定	10 062	2250	155	14.1%	71	17	527
承德	2786	767	19	4.4%	25	3	41
燕郊	7426	1670	29	70.9%	42	3	322
太原	11 450	3504	300	12.2%	105	14	620
长治	5568	1153	14	8.7%	25	8	119
呼和浩特	549	61	5	1.4%	14	0	15
包头	8258	1506	53	15.4%	118	10	511
鄂尔多斯	495	139	4	6.0%	20	3	90
沈阳	38 699	8509	140	7.6%	207	51	2095
大连	18 149	2503	186	8.7%	78	11	342
鞍山	2620	460	34	16.3%	143	7	339
本溪	1248	288	9	4.8%	79	26	28
锦州	2249	370	10	9.5%	41	8	86
营口	6601	3140	31	9.3%	73	12	207
阜新	2745	325	11	9.8%	86	4	60
辽阳	932	146	9	29.1%	52	8	0
长春	11 166	1821	135	20.0%	311	46	1326
长春净月	10 171	1989	36	8.5%	53	7	777
吉林	3112	611	14	11.7%	28	1	303
通化	989	203	2	3.9%	28	12	136

续表

高新区名称	高新区工商注册企业数/家	当年新注册企业数/家	当年认定的高新技术企业数/家	本年度高新区占所在城市生产总值（GDP）比重	研发机构数/家	创新服务机构数/家	孵化器和加速器内在孵企业数/家
延吉	495	24	2		1	0	87
哈尔滨	15 800	3443	61	10.2%	160	16	1501
齐齐哈尔	280	9	5	4.4%	39	6	182
大庆	5578	1413	70	20.3%	72	25	702
上海张江	40 340	11 668	1754	13.2%	793	181	5189
上海紫竹	2634	804	21	0.7%	168	10	515
南京	23 604	13 892	540	25.3%	887	81	2234
无锡	37 851	6724	205	15.7%	212	45	1514
江阴	6264	1109	40	24.4%	59	11	482
徐州	3847	809	33	27.4%	161	7	198
常州	35 712	6358	191	20.7%	235	62	923
武进	11 053	2518	118	6.6%	200	10	869
苏州	35 986	4985	212	6.8%	336	59	938
昆山	31 091	5716	186	24.6%	194	19	693
苏州工业园	81 145	14 864	445	13.8%	970	136	3000
常熟	4790	898	67	16.3%	83	5	409
南通	5132	741	29	11.6%	143	12	640
连云港	2519	310	23	9.2%	100	6	379
淮安	1741	370	15	3.7%	23	2	50
盐城	5143	1458	48	5.0%	83	14	459
扬州	3321	722	77	5.5%	158	11	341
镇江	9595	2533	67	17.8%	150	12	734
泰州	10 995	2400	37	5.5%	71	38	520
宿迁	1810	397	32	4.8%	46	2	76
杭州	42 120	8862	339	10.0%	732	74	3168

续表

高新区名称	高新区工商注册企业数/家	当年新注册企业数/家	当年认定的高新技术企业数/家	本年度高新区占所在城市生产总值（GDP）比重	研发机构数/家	创新服务机构数/家	孵化器和加速器内在孵企业数/家
萧山	8991	1994	38	14.4%	57	4	83
宁波	40 171	10 316	224	7.0%	365	78	385
温州	18 024	3323	148	11.4%	66	34	531
嘉兴	1968	354	43	10.2%	104	15	447
湖州莫干山	4012	770	44	51.5%	72	10	39
绍兴	33 747	5410	40	16.3%	56	42	190
衢州	3607	577	65	19.7%	77	6	91
合肥	31 298	9663	461	22.1%	456	65	3791
芜湖	2197	803	64	14.5%	93	14	307
蚌埠	3956	1235	17	21.2%	163	39	229
淮南	1726	480	3	2.0%	79	2	62
马鞍山	2795	356	31	12.4%	66	14	413
铜陵狮子山	195	66	17	4.1%	27	0	26
福州	2494	1194	52	8.1%	60	16	484
厦门	6565	2025	321	16.7%	245	25	109
莆田	964	237	14	13.2%	51	8	47
三明	693	188	9	5.7%	38	1	16
泉州	3603	720	76	8.3%	106	15	179
漳州	3323	287	40	17.7%	98	3	35
龙岩	2052	450	11	9.7%	19	0	82
南昌	9038	3383	132	12.6%	173	23	876
景德镇	1552	306	33	36.3%	53	25	133
九江共青城	8793	2045	13	85.9%	11	0	0
新余	4212	1147	14	34.6%	49	12	142
鹰潭	2835	566	22	10.1%	56	12	40

续表

高新区名称	高新区工商注册企业数/家	当年新注册企业数/家	当年认定的高新技术企业数/家	本年度高新区占所在城市生产总值（GDP）比重	研发机构数/家	创新服务机构数/家	孵化器和加速器内在孵企业数/家
赣州	501	87	20	19.1%	33	8	141
吉安	385	85	10	52.9%	12	2	0
宜春丰城	803	286	28	27.4%	21	6	79
抚州	4704	1501	29	13.9%	33	8	101
济南	37 837	9834	278	17.1%	337	44	1451
青岛	10 444	2048	239	6.9%	181	57	260
淄博	11 752	3228	59	15.2%	88	42	365
枣庄	3728	994	4	9.5%	24	5	401
黄河三角洲	273	10	1	1.5%	7	0	0
烟台	9390	1765	67	3.5%	55	10	738
潍坊	16 034	3933	50	14.5%	259	53	786
济宁	14 167	2689	40	15.8%	180	65	446
泰安	5618	1481	14	6.5%	115	13	517
威海	15 629	2801	47	20.4%	150	17	495
莱芜	4218	712	11	16.3%	33	10	101
临沂	5556	1350	26	4.0%	55	9	589
德州	498	91	6	18.1%	47	11	120
郑州	43 054	5812	464	6.2%	800	36	2371
洛阳	5127	996	75	7.6%	212	24	900
平顶山	1918	506	9	5.8%	49	7	183
安阳	3268	503	12	9.0%	47	4	258
新乡	3238	1128	20	8.0%	107	10	452
焦作	1789	350	5	5.8%	61	11	450
南阳	2398	395	8	18.5%	47	21	165
武汉	73 240	20 437	719	20.2%	1074	96	4523

续表

高新区名称	高新区工商注册企业数/家	当年新注册企业数/家	当年认定的高新技术企业数/家	本年度高新区占所在城市生产总值（GDP）比重	研发机构数/家	创新服务机构数/家	孵化器和加速器内在孵企业数/家
黄石大冶湖	13 680	1940	64	29.8%	40	4	168
宜昌	8610	2570	92	13.0%	186	14	672
襄阳	13 996	2679	86	24.8%	86	22	619
荆门	9988	2650	91	29.2%	229	27	462
孝感	8649	1543	79	27.0%	95	12	244
荆州	465	75	0	8.1%	18	2	55
黄冈	4897	794	264	29.6%	90	7	553
咸宁	9551	1643	72	35.6%	71	19	564
随州	2850	481	25	48.1%	49	5	111
仙桃	1717	346	22	35.4%	15	4	0
潜江	6364	1325	10	32.7%	19	4	0
长沙	26 637	6022	360	15.3%	831	105	3191
株洲	8940	1963	72	31.2%	175	32	1284
湘潭	3056	1631	52	31.0%	121	22	429
衡阳	7552	2310	16	13.9%	117	18	165
常德	795	121	31	4.3%	21	4	220
益阳	4447	904	17	16.1%	66	12	234
郴州	1341	242	21	9.5%	18	1	145
怀化	2834	684	32	3.6%	27	1	65
广州	72 888	19 192	1002	15.0%	1262	58	3803
深圳	39 123	5693	764	21.7%	393	26	337
珠海	6651	2556	298	30.8%	269	23	756
汕头	2481	484	77	13.7%	75	1	127
佛山	6359	1172	401	15.7%	556	26	1185
江门	6119	1559	149	10.3%	219	17	418

续表

高新区名称	高新区工商注册企业数/家	当年新注册企业数/家	当年认定的高新技术企业数/家	本年度高新区占所在城市生产总值（GDP）比重	研发机构数/家	创新服务机构数/家	孵化器和加速器内在孵企业数/家
湛江	5084	1311	11	13.4%	44	6	108
茂名	1945	332	24	11.5%	63	3	102
肇庆	1940	511	42	8.0%	101	7	235
惠州	17 169	3831	138	15.4%	277	16	910
源城	1031	255	13	15.4%	72	11	175
清远	2492	1184	38	8.9%	71	3	237
东莞	7518	2424	99	7.7%	162	20	1523
中山	13 443	2929	165	13.3%	199	16	8
南宁	23 719	4230	260	14.1%	202	40	619
柳州	3393	705	230	26.7%	173	4	270
桂林	14 345	3061	114	18.2%	118	19	355
北海	532	74	11	17.8%	30	3	208
海口	2228	597	41	9.9%	30	8	300
重庆	40 575	6273	270	5.8%	273	41	833
璧山	6682	2520	59	54.3%	158	5	501
荣昌	517	53	12	22.3%	38	4	109
永川	732	148	29	54.4%	75	4	107
成都	143 509	28 821	663	20.1%	550	148	2217
自贡	8863	1678	10	24.3%	55	14	149
攀枝花	487	71	5	15.4%	9	3	54
泸州	1821	802	36	15.4%	36	10	272
德阳	1588	121	11	10.1%	46	7	108
绵阳	9610	2510	28	17.1%	64	19	594
内江	1133	202	9	10.0%	36	6	165
乐山	838	200	11	9.6%	40	12	114

续表

高新区名称	高新区工商注册企业数/家	当年新注册企业数/家	当年认定的高新技术企业数/家	本年度高新区占所在城市生产总值（GDP）比重	研发机构数/家	创新服务机构数/家	孵化器和加速器内在孵企业数/家
贵阳	14 501	3215	110	16.8%	256	71	691
安顺	382	132	17	20.0%	26	10	32
昆明	12 083	1645	30	4.9%	101	12	388
玉溪	3037	489	11	48.8%	42	4	113
楚雄	5293	1136	7	60.3%	15	7	11
西安	69 061	17 024	843	40.9%	454	72	1797
宝鸡	10 831	2752	62	36.6%	116	15	407
杨凌	6071	1379	8	100.0%	146	10	240
咸阳	979	521	10	13.6%	48	23	109
渭南	1754	482	8	10.0%	20	4	32
榆林	4020	1279	13	13.8%	31	4	102
安康	2230	503	4	31.5%	33	9	243
兰州	7961	1273	57	15.4%	155	22	801
白银	605	53	15	22.6%	52	35	188
青海	740	123	14	5.1%	73	3	394
银川	2339	481	2	1.0%	28	15	15
石嘴山	74	17	4	10.9%	25	6	110
乌鲁木齐	22 906	4350	76	37.1%	148	13	764
昌吉	1017	293	4	10.0%	30	5	115
石河子	570	61	1	23.6%	50	8	105

注：表格中空白表示数据未提供。

三、国家高新区创新能力监测指标数据

（二）国家高新区企业指标

1.经济指标

见表 3-5 至表 3-8。

表3-5　2015年国家高新区企业经济指标

高新区名称	营业收入/万元	高技术产业营业收入/万元	出口总额/万元	技术服务出口额/万元	净利润/万元	年末资产总计/万元	年末负债总计/万元	规模以上企业综合能源消费量/吨标准煤
中关村	408 093 729	151 091 600	18 618 654	2 840 157	29 035 314	762 139 799	420 855 060	4 439 170
天津	75 604 585	14 866 046	7 102 512	227 713	6 463 999	99 045 138	59 979 866	1 052 249
石家庄	17 109 202	10 552 353	576 668	17 295	1 062 433	23 598 647	14 725 906	1 226 969
唐山	1 098 249	155 501	91 313	106	52 248	1 721 798	862 080	58 084
保定	12 403 316	902 758	685 786	31	731 215	14 535 945	8 041 291	523 489
承德	1 458 016	138 673	16 323	0	62 154	1 796 957	1 088 884	145 434
燕郊	5 793 188	176 480	31 705	0	226 226	5 934 736	4 055 567	1 287 254
太原	17 191 432	2 526 768	303 495	6	228 916	28 518 881	20 634 482	1 239 355
长治	2 249 679	412 476	6535	0	7785	7 382 344	4 737 873	131 107
呼和浩特	6 499 743	0	10 572	0	442 931	5 062 803	2 763 109	1 634 072
包头	11 044 455	610 801	331 635	0	189 126	14 838 746	9 912 166	6 633 775
沈阳	10 019 287	5 490 015	546 446	1327	606 254	15 451 554	6 809 496	407 118
大连	18 406 863	6 349 500	2 646 186	562 937	877 015	35 479 523	21 327 783	1 519 090
鞍山	22 195 402	13 376 138	734 112	280	2 075 627	10 581 990	6 556 315	755 795
本溪	1 363 577	893 084	33 605	0	87 921	2 730 164	730 746	60 976
锦州	3 884 109	155 895	249 717	0	190 636	3 265 488	1 970 331	858 915
营口	5 128 251	175 775	678 285	0	105 790	6 397 169	5 105 800	310 695
阜新	1 472 274	96 399	33 100	193	120 923	1 678 028	982 591	157 525
辽阳	10 083 869	3596	1 282 763	0	408 421	11 490 517	6 144 948	3 058 003
长春	45 752 785	1 253 869	3 252 471	28 546	4 376 377	37 413 307	19 752 833	922 120

续表

高新区名称	营业收入/万元	高技术产业营业收入/万元	出口总额/万元	技术服务出口额/万元	净利润/万元	年末资产总计/万元	年末负债总计/万元	规模以上企业综合能源消费量/吨标准煤
长春净月	10 204 770	2 131 496	663 763	343	1 236 201	13 161 381	6 610 275	375 418
吉林	7 858 213	655 441	222 336	0	-198 476	6 687 520	3 209 596	6 932 079
通化	7 188 446	6 772 195	6049	0	440 839	3 898 131	1 128 420	196 510
延吉	2 798 436	541 645	2673	1209	169 243	2 446 350	1 422 410	215 482
哈尔滨	19 758 573	4 473 487	628 345	312	819 745	41 299 823	26 281 927	1 027 092
齐齐哈尔	1 416 312	126 834	145 078	0	-14 398	2 585 182	1 631 610	115 203
大庆	24 459 209	1 651 384	177 979	11 158	1 718 868	8 662 535	4 642 239	3 147 920
上海张江	136 128 442	50 068 722	19 884 983	1 120 777	13 339 890	205 990 373	94 680 917	3 116 165
上海紫竹	4 412 780	1 838 057	526 666	244 403	167 699	7 685 527	3 915 597	60 705
南京	46 733 831	24 169 055	3 863 416	75 028	2 310 784	47 149 677	26 009 441	19 980 213
无锡	33 905 958	16 620 763	10 841 677	129 864	1 833 614	38 077 831	17 503 362	2 887 145
江阴	12 148 367	2 494 302	2 526 882	9576	471 656	12 170 966	6 579 973	3 977 363
徐州	7 299 850	1 990 420	190 152	0	448 972	2 737 786	864 512	108 356
常州	20 961 145	3 921 977	3 905 649	237 276	1 348 840	25 071 290	14 215 028	1 905 034
武进	8 446 343	3 492 614	1 389 626	11 364	625 268	9 422 399	4 694 670	169 758
苏州	26 424 513	14 348 252	13 658 123	62 157	1 023 507	26 188 607	13 701 081	1 859 739
昆山	16 051 547	8 207 294	3 486 159	118	737 017	12 579 294	6 826 083	627 812
苏州工业园	44 293 676	18 518 432	20 337 548	707 030	3 141 833	50 848 695	23 016 346	1 807 004
常熟	8 110 321	1 466 059	1 328 024	94	337 598	8 061 142	3 920 220	423 975
南通	17 535 535	1 111 948	2 794 647	17 868	992 432	13 464 462	7 579 310	501 758
连云港	3 830 476	2 468 409	262 071	0	656 795	5 050 446	2 021 383	347 450
盐城	4 941 202	695 146	272 002	6	546 587	2 403 972	1 117 494	413 941
扬州	3 956 979	665 516	168 621	1016	243 521	3 510 390	1 454 486	82 477
镇江	2 489 924	269 580	155 227	0	57 335	4 753 824	3 276 623	399 819
泰州	8 854 686	3 185 839	327 654	0	437 213	6 367 343	3 154 291	661 042

续表

高新区名称	营业收入/万元	高技术产业营业收入/万元	出口总额/万元	技术服务出口额/万元	净利润/万元	年末资产总计/万元	年末负债总计/万元	规模以上企业综合能源消费量/吨标准煤
杭州	37 048 042	19 695 194	3 703 075	349 597	3 979 012	58 310 535	31 335 316	209 859
萧山	10 051 125	179 608	576 045	0	349 221	13 192 996	9 232 657	2 726 878
宁波	24 402 945	4 038 051	4 064 253	3333	1 146 049	20 777 184	12 366 787	399 064
温州	3 683 737	334 277	390 752	0	169 551	3 325 721	1 874 765	462 525
嘉兴	4 756 647	765 857	1 110 105	1882	512 047	6 837 855	2 406 796	978 724
湖州莫干山	2 826 492	219 327	587 009	0	146 492	2 923 196	1 485 821	301 426
绍兴	1 885 268	371 651	366 816	0	44 927	3 042 257	1 589 151	359 801
衢州	6 794 184	461 092	526 983	0	258 330	187 594 075	105 853 709	3 325 139
合肥	38 969 631	9 059 140	5 388 109	1 041 482	3 430 613	59 184 401	33 506 797	2 199 774
芜湖	10 735 800	529 794	446 006	2772	772 873	11 738 893	6 175 011	819 474
蚌埠	8 267 003	1 953 450	364 418	3215	478 495	9 634 706	5 490 526	874 766
马鞍山	7 620 128	377 149	381 737	0	193 398	9 890 532	5 983 701	3 169 511
福州	7 991 113	6 391 627	2 781 577	5582	423 195	6 972 626	3 352 621	202 164
厦门	20 128 330	17 139 680	10 728 727	20 503	696 377	16 078 782	8 919 103	271 428
莆田	4 494 017	1 492 681	312 696	100	361 885	1 689 897	775 713	363 672
三明	4 119 988	83 626	27 069	6	220	2 317 241	1 367 175	5 541 211
泉州	5 104 054	712 198	724 543	3115	404 593	6 741 188	3 087 106	430 244
漳州	7 953 857	964 075	1 210 720	0	528 410	5 947 219	3 298 176	745 298
龙岩	2 829 910	563 513	104 944	0	137 534	3 553 694	1 776 079	231 121
南昌	20 052 933	6 194 502	1 804 046	48 930	714 224	20 022 774	10 646 387	2 353 805
景德镇	8 871 852	1 981 612	620 016	0	207 196	9 404 537	6 337 635	587 645
新余	7 255 553	793 967	335 704	3981	271 402	7 876 741	4 271 739	278 082
鹰潭	5 202 087	217 513	77 321	0	217 369	3 291 479	365 459	74 914
赣州	2 661 499	69 881	94 578	0	102 381	1 228 022	741 732	4 112 803
吉安	3 132 539	738 899	561 410	0	194 518	923 022	332 613	72 011

续表

高新区名称	营业收入/万元	高技术产业营业收入/万元	出口总额/万元	技术服务出口额/万元	净利润/万元	年末资产总计/万元	年末负债总计/万元	规模以上企业综合能源消费量/吨标准煤
抚州	4 196 245	736 446	150 841	0	173 933	2 474 432	1 248 748	393 202
济南	31 505 698	13 521 977	3 942 064	91 556	1 849 994	43 553 140	27 452 440	969 264
青岛	25 140 534	14 923 075	3 493 728	541 468	1 725 527	32 733 534	23 291 585	473 152
淄博	23 652 212	3 066 142	1 807 846	23 848	1 259 444	18 778 528	9 238 167	7 170 077
枣庄	2 734 369	335 359	92 447	0	121 919	1 990 452	1 139 205	653 127
黄河三角洲	35 987	208	0	0	2624	105 997	46 948	1000
烟台	4 012 791	663 780	373 545	1209	254 278	4 291 991	2 687 722	180 985
潍坊	19 419 980	4 743 983	2 730 740	143 172	1 628 528	23 851 483	15 200 802	1 709 516
济宁	25 360 730	1 040 261	1 431 766	168	918 345	20 709 137	11 516 756	4 503 409
泰安	4 293 504	337 722	173 593	0	321 267	8 184 074	5 445 014	724 674
威海	12 678 947	6 203 650	2 475 073	369 744	1 072 872	14 515 607	6 968 110	1 116 579
莱芜	3 845 911	651 824	72 006	386	165 754	1 870 875	912 591	474 510
临沂	12 691 023	928 055	1 108 685	0	822 271	3 205 308	1 482 303	654 645
德州	2 660 989	80 657	142 013	0	93 404	3 174 137	1 706 802	899 456
郑州	42 039 286	28 633 747	26 888 288	126 245	1 779 709	38 868 167	20 163 641	1 444 078
洛阳	16 979 619	3 088 421	707 192	24 098	1 485 630	18 845 152	10 077 616	930 025
平顶山	2 770 197	65 282	31 692	0	90 832	1 859 702	982 561	488 700
安阳	6 682 953	185 973	153 358	0	392 237	5 006 244	2 654 318	777 852
新乡	7 112 543	326 989	357 160	0	889 128	4 520 628	1 285 365	266 132
焦作	4 323 857	739 149	24 204	0	102 909	2 730 141	1 486 912	189 309
南阳	3 211 452	1 095 269	253 966	0	231 296	4 109 216	2 054 830	331 900
武汉	100 621 464	30 602 625	8 863 932	344 824	5 616 590	116 744 083	67 341 641	2 259 415
宜昌	21 528 422	1 426 662	761 474	0	800 896	20 433 156	13 934 607	7 391 076
襄阳	27 568 635	2 080 651	521 370	0	2 155 210	18 660 852	10 875 227	658 394

续表

高新区名称	营业收入/万元	高技术产业营业收入/万元	出口总额/万元	技术服务出口额/万元	净利润/万元	年末资产总计/万元	年末负债总计/万元	规模以上企业综合能源消费量/吨标准煤
荆门	9 602 573	374 989	350 712	16 659	815 920	6 714 135	3 303 429	1 339 622
孝感	10 533 659	1 019 429	189 510	21 811	335 623	6 581 129	3 372 009	2 479 039
随州	2 403 016	516 065	261 380	355	54 753	1 830 918	1 045 919	1 082 050
仙桃	6 340 163	446 920	298 149	623	272 166	3 538 042	1 484 616	706 860
长沙	42 512 087	15 373 781	3 564 501	4299	3 143 801	56 389 660	31 546 175	829 303
株洲	18 194 128	1 773 827	1 703 195	9526	929 236	19 518 823	11 390 365	1 042 831
湘潭	12 970 302	315 849	2 989 871	0	252 003	13 710 502	9 635 939	5 168 287
衡阳	6 901 233	2 590 931	939 465	2181	236 374	5 600 505	3 638 854	1 707 935
益阳	6 592 924	1 632 722	222 050	0	215 865	3 176 856	1 611 442	132 027
郴州	3 772 799	570 517	352 917	0	53 844	2 722 262	1 667 439	327 752
广州	53 657 512	28 479 896	7 897 703	583 440	3 995 350	72 003 200	37 849 008	1 090 281
深圳	49 767 705	40 688 954	10 608 020	314 378	5 272 553	83 252 800	49 971 350	1 172 866
珠海	19 020 188	9 283 918	7 411 451	14 180	1 319 814	29 334 319	19 037 394	338 420
佛山	35 202 948	4 738 393	4 696 891	170 092	2 460 385	25 990 928	14 029 097	1 760 252
江门	5 489 530	1 283 934	1 327 233	0	378 948	5 626 274	2 348 279	562 382
肇庆	8 420 140	726 462	512 816	262	167 914	7 552 453	3 981 830	1 566 811
惠州	25 396 868	22 262 552	14 071 315	5109	756 916	17 494 599	9 585 850	268 906
源城	3 935 805	2 883 176	955 090	0	71 971	2 914 725	1 893 086	145 964
清远	3 656 155	378 891	497 160	0	155 782	5 802 435	4 414 090	649 405
东莞	17 152 432	16 230 587	3 833 350	1321	549 093	10 550 356	7 879 201	102 946
中山	17 246 438	7 781 306	5 305 487	0	498 519	11 335 671	6 268 776	1 552 099
南宁	19 291 088	8 167 598	1 437 485	150	1 529 526	44 046 085	26 504 138	1 184 110
柳州	17 989 805	123 559	378 192	0	643 630	14 917 174	10 746 671	1 785 578
桂林	8 168 639	1 661 678	460 092	461	682 665	7 804 471	4 292 790	1 417 157

续表

高新区名称	营业收入/万元	高技术产业营业收入/万元	出口总额/万元	技术服务出口额/万元	净利润/万元	年末资产总计/万元	年末负债总计/万元	规模以上企业综合能源消费量/吨标准煤
北海	5 169 535	3 354 173	998 582	2822	428 613	1 484 787	569 802	24 288
海口	3 651 037	1 550 666	212 013	0	173 112	5 695 479	2 540 340	126 444
重庆	20 717 888	4 519 266	2 391 797	24 166	1 750 214	25 605 630	14 320 027	1 003 919
璧山	5 998 643	1 038 432	393 381	7763	336 527	2 512 149	1 292 282	131 102
成都	57 664 313	30 970 392	9 367 821	1 442 395	3 198 692	71 350 337	46 196 431	1 366 487
自贡	4 654 316	52 846	246 845	9320	181 608	5 937 362	3 928 053	227 683
攀枝花	1 514 788	3082	36 564	0	6621	2 130 781	1 734 216	1 394 177
泸州	5 102 391	332 285	8903	0	249 023	4 430 818	2 820 369	364 300
德阳	5 208 651	669 871	269 958	0	384 638	3 179 518	1 948 418	947 313
绵阳	10 671 381	7 365 595	1 192 079	0	77 582	10 086 533	6 878 615	215 335
乐山	3 183 616	327 866	379 501	0	43 972	4 695 960	2 734 707	1 297 317
贵阳	28 702 755	5 373 599	939 621	224	1 933 567	83 988 624	50 622 003	5 517 777
昆明	17 169 938	2 730 633	438 841	567	−45 972	23 706 862	15 701 002	909 742
玉溪	9 830 917	48 349	4131	0	747 540	8 745 744	2 593 147	149 238
西安	89 563 186	25 409 059	7 564 061	522 529	5 632 576	156 228 823	104 731 532	3 312 653
宝鸡	15 437 281	1 367 127	529 457	1869	523 191	15 101 230	9 073 664	430 063
杨凌	1 774 938	97 460	33 299	0	75 851	2 592 750	1 526 291	201 242
咸阳	4 079 001	542 880	71 938	0	177 418	2 342 295	1 105 358	631 455
渭南	3 450 259	86 535	230 765	0	282 129	5 236 257	1 950 015	1 147 955
榆林	2 549 158	13 383	0	0	334 318	9 022 706	5 141 745	8 453 218
安康	2 561 957	697 735	8074	935	306 475	2 046 705	1 026 948	792 963
兰州	16 033 788	1 588 996	112 439	6	829 901	36 839 559	20 755 673	4 361 285
白银	8 270 241	90 390	36 327	0	28 216	10 820 383	6 541 556	4 360 486
青海	1 057 962	287 483	2100	0	32 157	1 897 503	740 747	21 537

续表

高新区名称	营业收入/万元	高技术产业营业收入/万元	出口总额/万元	技术服务出口额/万元	净利润/万元	年末资产总计/万元	年末负债总计/万元	规模以上企业综合能源消费量/吨标准煤
银川	2 191 804	4227	189 909	0	135 402	3 770 392	2 082 906	31 086
石嘴山	1 502 810	31 623	114 302	0	−44 662	3 427 377	1 308 319	836 256
乌鲁木齐	24 224 102	522 861	75 078	0	1 208 621	32 996 593	13 099 887	5 154 954
昌吉	2 673 407	46 846	226 218	0	284 748	5 051 017	2 588 714	100 830
石河子	3 126 068	29 373	5507	0	86 380	5 759 064	3 999 087	9 644 536

表3-6　2016年国家高新区企业经济指标

高新区名称	营业收入/万元	高技术产业营业收入/万元	出口总额/万元	技术服务出口额/万元	净利润/万元	年末资产总计/万元	年末负债总计/万元	规模以上企业综合能源消费量/吨标准煤
中关村	460 476 182	168 681 580	17 470 400	2 889 405	31 702 874	978 245 990	559 567 307	4 896 046
天津	71 777 542	14 341 909	4 897 597	162 329	5 658 003	100 799 304	61 095 087	1 098 347
石家庄	17 127 388	11 059 241	656 445	17 446	1 065 311	24 850 347	13 865 170	1 188 477
唐山	941 683	155 921	79 369	38	38 922	1 705 484	844 235	207 747
保定	14 768 607	1 001 179	480 598	0	1 321 648	17 252 685	9 664 127	357 085
承德	1 495 308	164 774	12 050	0	62 846	2 030 408	1 216 753	146 629
燕郊	5 930 134	173 417	34 976	0	232 769	6 005 115	4 055 608	1 211 257
太原	19 307 595	2 376 779	151 620	170	260 030	32 655 436	24 625 990	1 248 666
长治	2 641 860	462 472	6848	0	206 483	7 059 088	4 290 997	161 514
呼和浩特	6 367 833	0	0	0	543 332	4 592 906	2 176 305	1 274 176
包头	11 122 936	647 137	192 347	0	675 144	14 345 160	8 907 623	7 744 351
沈阳	11 970 367	4 885 839	387 526	1	825 091	18 135 980	8 385 515	295 161
大连	18 449 378	6 526 941	2 138 750	567 643	942 186	36 981 939	18 444 453	1 394 633

续表

高新区名称	营业收入/万元	高技术产业营业收入/万元	出口总额/万元	技术服务出口额/万元	净利润/万元	年末资产总计/万元	年末负债总计/万元	规模以上企业综合能源消费量/吨标准煤
鞍山	6 807 190	2 488 644	272 022	8100	733 234	6 059 170	2 890 692	305 378
本溪	362 991	187 525	33 927	0	15 370	752 307	435 728	54 874
锦州	2 100 548	195 351	229 852	0	100 234	2 907 089	1 744 107	788 316
营口	4 008 728	63 437	782 649	0	108 802	6 580 138	5 388 909	263 300
阜新	986 667	34 273	58 130	0	36 139	1 839 674	1 104 329	196 004
辽阳	9 635 057	9881	652 040	0	371 300	12 374 160	7 984 915	3 034 886
长春	47 178 582	1 487 832	1 974 641	188 847	4 436 322	38 070 618	22 594 864	871 499
长春净月	10 561 793	2 188 222	644 927	141	1 240 987	13 764 351	6 888 125	377 706
吉林	8 884 105	714 013	85 697	0	162 677	6 679 455	3 065 710	6 829 166
通化	7 612 214	7 145 901	3723	0	551 307	4 537 951	1 198 046	200 727
延吉	2 623 266	567 683	2826	0	137 396	2 536 420	1 440 691	794 637
哈尔滨	16 287 093	3 378 015	682 724	436 349	611 734	32 051 132	20 680 452	786 715
齐齐哈尔	1 277 855	66 329	83 002	0	18 878	2 381 771	1 473 444	75 240
大庆	24 933 206	1 764 969	184 128	11 999	1 771 931	8 942 321	4 886 204	3 125 596
上海张江	154 550 926	54 594 172	19 831 941	1 138 367	16 090 253	255 385 371	117 851 572	5 797 755
上海紫竹	5 161 691	2 479 898	349 941	92 913	641 832	8 983 264	4 745 943	150 735
南京	43 954 487	20 921 447	4 620 485	115 832	2 835 821	52 120 726	28 355 247	1 388 838
无锡	33 599 408	15 532 359	9 329 216	547 018	2 240 297	36 835 430	16 057 707	1 309 028
江阴	14 975 396	2 821 557	2 413 460	9910	511 123	16 726 758	8 837 239	6 154 297
徐州	8 439 123	2 242 769	202 669	0	727 115	3 238 300	1 107 080	105 512
常州	21 825 147	4 454 383	4 081 467	260 442	1 454 678	28 583 045	17 347 512	1 912 330
武进	12 801 418	4 038 311	1 478 000	12 460	1 074 626	21 902 339	14 400 467	183 382
苏州	28 125 028	15 713 473	14 714 063	75 398	1 423 933	27 949 389	13 896 765	1 850 260
昆山	17 254 272	8 452 925	4 800 511	33 693	875 810	14 482 861	7 763 366	693 784

续表

高新区名称	营业收入/万元	高技术产业营业收入/万元	出口总额/万元	技术服务出口额/万元	净利润/万元	年末资产总计/万元	年末负债总计/万元	规模以上企业综合能源消费量/吨标准煤
苏州工业园	46 058 754	18 657 475	18 521 204	668 977	3 471 993	62 696 105	33 751 580	1 690 952
常熟	8 890 340	1 856 763	2 391 987	69 151	435 846	10 576 125	5 976 167	329 859
南通	21 976 094	1 424 807	3 321 097	21 909	2 585 915	16 871 177	9 338 183	548 240
连云港	4 096 076	2 775 217	251 594	0	798 362	5 378 611	1 799 974	385 511
盐城	6 021 933	757 505	460 333	459	626 949	2 835 603	1 283 586	352 114
扬州	4 720 849	841 994	204 674	2800	294 539	3 886 104	1 850 915	114 342
镇江	6 925 941	626 325	735 643	511	237 702	11 584 577	7 297 191	1 594 704
泰州	9 935 964	4 533 573	132 477	1000	510 533	7 711 698	4 210 896	718 787
杭州	43 998 869	23 611 966	3 826 371	370 841	4 665 694	65 572 253	35 255 186	233 027
萧山	12 079 802	146 340	449 907	153	618 133	19 580 841	13 885 598	2 539 281
宁波	31 132 383	4 093 260	3 536 240	372	1 657 218	27 169 526	14 663 116	562 923
温州	4 852 165	465 185	496 695	0	225 693	4 746 606	2 507 115	533 307
嘉兴	5 384 818	909 242	1 335 718	4055	744 205	7 807 965	2 615 939	958 340
湖州莫干山	3 723 491	380 764	868 082	36 530	227 297	3 827 653	1 977 802	220 874
绍兴	4 923 394	1 049 450	1 025 845	2823	289 379	8 233 536	3 555 427	476 416
衢州	7 879 791	418 080	584 317	0	460 028	10 053 164	5 222 010	3 554 954
合肥	41 105 081	9 376 648	4 917 938	1 220 505	3 509 107	60 932 054	33 835 116	2 113 379
芜湖	12 195 447	807 801	504 310	2821	930 713	15 249 073	7 755 343	942 823
蚌埠	10 947 057	2 271 911	263 540	4513	810 457	11 630 621	6 652 980	671 671
马鞍山	8 254 364	350 781	417 343	0	214 959	10 449 827	6 215 767	3 185 334
福州	8 820 130	6 838 741	3 111 924	10 566	526 444	7 712 483	3 825 593	138 620
厦门	22 888 650	18 861 020	9 188 036	31 252	1 102 109	21 304 492	11 405 599	339 114
莆田	5 604 975	1 761 864	327 583	245	475 716	2 424 601	1 054 042	324 818
三明	3 309 091	24 204	38 740	0	62 827	2 046 732	1 237 809	1 944 457

续表

高新区名称	营业收入/万元	高技术产业营业收入/万元	出口总额/万元	技术服务出口额/万元	净利润/万元	年末资产总计/万元	年末负债总计/万元	规模以上企业综合能源消费量/吨标准煤
泉州	6 508 049	998 611	413 482	349	530 772	9 192 197	4 351 199	459 578
漳州	9 095 904	1 154 919	1 507 754	0	735 994	6 462 987	3 594 950	833 905
龙岩	3 341 482	61 324	96 225	0	137 197	3 783 636	2 136 438	83 044
南昌	24 259 493	7 307 363	2 030 859	63 962	1 205 822	26 213 201	13 508 459	2 392 332
景德镇	9 496 191	2 325 341	631 136	0	286 944	10 192 618	6 642 032	659 418
新余	10 622 070	742 219	509 637	5545	447 115	12 589 555	4 787 000	278 884
鹰潭	5 740 671	265 328	120 170	0	267 715	3 843 285	531 348	77 780
赣州	3 516 725	117 748	231 110	0	160 994	1 337 760	721 622	7 094 443
吉安	3 554 024	857 796	655 834	0	226 976	1 222 582	414 253	77 070
抚州	4 634 935	816 562	199 770	0	259 021	3 754 347	1 701 300	381 766
济南	34 993 309	14 912 193	3 854 589	64 688	2 186 070	47 783 009	30 090 328	1 587 415
青岛	25 320 840	15 548 390	3 743 810	556 377	2 025 510	40 644 361	25 786 879	428 606
淄博	23 305 552	3 250 233	1 747 915	65 114	1 432 353	18 230 016	8 377 333	5 743 233
枣庄	3 033 270	429 206	89 614	0	152 034	1 991 455	1 188 680	628 125
黄河三角洲	2 765 027	11 321	464	0	94 398	1 588 974	1 034 981	87 082
烟台	6 001 952	795 038	450 401	1561	371 075	7 804 031	4 346 685	182 277
潍坊	19 371 043	3 778 403	2 624 586	154 059	1 520 701	28 377 383	19 528 697	1 630 396
济宁	22 374 031	832 263	1 416 009	108	942 166	19 430 558	10 934 634	3 998 639
泰安	4 355 239	332 183	226 986	0	385 609	8 458 901	5 361 591	1 559 375
威海	13 935 522	7 026 058	2 474 901	354 282	1 250 455	16 679 299	7 333 793	1 066 558
莱芜	3 900 231	249 261	98 590	807	125 603	2 162 266	1 099 982	599 884
临沂	13 407 058	1 207 921	758 960	0	785 652	3 708 108	1 672 946	552 938
德州	2 958 962	99 562	177 641	0	127 766	3 643 714	1 726 375	687 429
郑州	47 019 545	28 038 686	19 651 161	4541	2 067 553	66 500 190	46 716 616	4 729 749

续表

高新区名称	营业收入/万元	高技术产业营业收入/万元	出口总额/万元	技术服务出口额/万元	净利润/万元	年末资产总计/万元	年末负债总计/万元	规模以上企业综合能源消费量/吨标准煤
洛阳	15 533 162	2 729 026	623 473	26 084	1 187 952	19 552 888	11 626 808	701 272
平顶山	2 754 877	5526	11 513	0	110 393	2 156 170	1 160 907	508 531
安阳	7 802 980	206 915	173 104	0	459 740	5 876 297	2 823 944	717 324
新乡	7 878 693	1 042 723	393 231	2000	991 482	4 906 288	1 421 705	277 065
焦作	4 487 895	900 189	10 073	0	175 209	2 186 079	1 268 125	45 400
南阳	3 296 122	1 102 985	270 934	0	242 102	4 208 752	2 033 330	343 613
武汉	113 688 036	35 405 005	9 815 702	1 057 948	7 060 375	139 448 696	83 992 358	2 138 699
宜昌	19 191 677	2 325 833	617 627	0	752 324	21 519 925	14 305 763	7 380 154
襄阳	30 107 689	2 071 514	593 065	0	2 448 632	21 838 838	11 974 370	701 659
荆门	12 421 839	490 371	449 412	18 531	1 095 689	8 938 449	4 533 133	1 567 457
孝感	11 690 442	1 151 891	217 329	24 584	428 749	8 253 461	3 715 051	2 605 681
随州	2 910 725	681 112	271 291	109	114 697	2 711 971	1 515 211	767 256
仙桃	7 342 309	622 973	345 690	0	359 645	4 384 133	2 211 748	516 313
长沙	48 373 741	9 486 770	4 117 568	5108	3 311 157	81 038 189	49 658 287	1 060 548
株洲	19 085 234	1 323 419	582 196	12 483	1 035 751	29 502 142	17 290 852	1 250 422
湘潭	14 209 341	360 097	2 567 280	0	316 604	13 694 110	9 116 118	5 337 556
衡阳	7 317 103	2 555 336	993 539	2967	286 468	6 365 227	4 099 228	1 662 299
益阳	7 150 024	1 889 353	264 440	0	239 527	3 737 673	1 873 219	135 263
郴州	2 029 082	344 003	281 837	0	33 001	2 482 401	1 624 171	184 612
广州	60 242 204	29 954 566	7 512 727	462 473	4 417 122	89 616 287	39 931 496	1 460 376
深圳	62 085 347	51 542 274	12 947 430	298 623	7 471 235	128 299 449	83 374 358	359 245
珠海	20 834 480	9 278 950	7 178 719	10 511	1 958 947	36 134 073	22 804 191	407 330
佛山	38 666 081	3 984 300	5 072 997	158 814	2 901 967	30 895 268	17 222 253	1 912 921
江门	6 011 815	1 473 228	1 587 035	0	390 463	6 705 682	2 747 455	631 414

续表

高新区名称	营业收入/万元	高技术产业营业收入/万元	出口总额/万元	技术服务出口额/万元	净利润/万元	年末资产总计/万元	年末负债总计/万元	规模以上企业综合能源消费量/吨标准煤
肇庆	8 728 965	885 963	457 503	35	282 423	6 505 417	3 389 729	1 460 352
惠州	23 838 412	20 210 511	12 669 201	17 683	930 042	20 761 577	11 799 883	352 740
源城	4 604 887	3 591 944	996 550	0	122 707	3 279 661	2 013 071	138 321
清远	4 330 489	411 753	431 972	0	231 443	6 787 176	5 023 098	401 491
东莞	25 523 063	24 297 553	6 453 089	1487	688 449	15 773 577	11 968 660	174 950
中山	20 682 767	9 144 789	5 817 771	56 214	752 411	15 344 207	8 538 406	1 675 627
南宁	22 313 905	9 069 920	1 582 546	1027	1 773 411	50 833 187	30 952 082	1 081 029
柳州	21 441 642	134 275	265 265	2031	730 870	17 330 402	12 402 296	1 828 325
桂林	9 403 879	2 202 104	394 602	68	736 994	9 366 660	4 947 729	1 454 338
北海	5 956 952	3 785 462	1 130 391	3359	553 404	2 083 759	1 000 649	23 441
海口	3 697 752	1 693 337	186 614	0	224 913	5 868 633	2 574 727	124 966
重庆	22 033 038	5 854 013	2 186 452	3833	1 729 487	30 979 929	16 816 919	707 080
璧山	7 780 748	960 426	387 119	9143	470 955	3 068 596	1 472 817	162 571
成都	57 439 028	33 398 026	10 539 551	1 524 405	3 317 926	83 342 058	53 837 412	1 273 171
自贡	4 814 940	54 302	276 056	10 361	227 901	5 830 918	3 761 486	255 117
攀枝花	1 367 372	2582	3256	0	-171 402	1 500 887	1 201 842	1 814 889
泸州	5 794 060	375 809	5080	0	271 074	4 737 428	3 096 911	328 187
德阳	5 227 612	644 514	140 575	10	360 042	2 997 755	1 795 021	935 318
绵阳	12 054 581	8 519 543	1 377 953	0	311 629	12 680 705	8 588 130	194 464
乐山	4 156 878	444 058	364 563	0	217 069	6 241 951	2 769 670	2 613 030
贵阳	30 423 395	6 817 455	799 138	28	1 800 813	91 457 216	55 351 728	3 857 990
昆明	18 190 037	4 503 101	162 415	0	-1 194 712	28 174 358	18 820 275	729 267
玉溪	8 731 115	66 396	8054	0	676 160	14 508 381	3 302 906	136 431
西安	100 316 466	27 763 359	8 505 938	683 054	6 450 808	180 911 365	121 042 624	3 550 739

续表

高新区名称	营业收入/万元	高技术产业营业收入/万元	出口总额/万元	技术服务出口额/万元	净利润/万元	年末资产总计/万元	年末负债总计/万元	规模以上企业综合能源消费量/吨标准煤
宝鸡	18 035 915	1 492 457	738 546	7316	771 483	16 955 567	10 186 496	437 880
杨凌	1 941 846	110 998	28 599	0	100 452	3 073 762	1 822 573	785 858
咸阳	4 292 881	635 956	98 626	0	231 107	2 953 360	1 489 060	568 560
渭南	3 600 270	120 238	262 659	0	315 200	5 275 804	1 992 438	1 112 235
榆林	3 047 695	17 215	0	0	425 998	9 765 796	5 627 286	10 433 056
安康	2 673 678	757 207	8420	997	407 585	2 158 551	1 024 108	698 764
兰州	17 506 316	2 067 640	130 253	7	1 406 293	39 703 253	24 351 243	3 347 967
白银	8 277 941	80 340	41 130	0	33 724	10 533 591	6 163 248	4 537 218
青海	1 082 111	308 974	4452	0	41 611	2 192 896	811 383	21 474
银川	1 980 749	6433	165 929	0	53 733	3 793 480	2 274 091	33 768
石嘴山	1 741 295	247 521	120 710	0	99 360	3 540 538	1 233 851	223 746
乌鲁木齐	21 962 166	529 406	62 612	68	224 306	33 646 314	13 162 267	5 488 285
昌吉	2 778 719	40 857	159 422	0	286 100	5 082 770	2 522 217	117 214
石河子	3 208 593	14 447	1839	0	228 199	6 626 564	4 648 385	11 335 392

表3-7 2017年国家高新区企业经济指标

高新区名称	营业收入/万元	高技术产业营业收入/万元	出口总额/万元	技术服务出口额/万元	净利润/万元	年末资产总计/万元	年末负债总计/万元	规模以上企业综合能源消费量/吨标准煤
中关村	530 257 999	191 476 534	20 843 514	3 381 044	36 910 802	1 154 072 676	673 076 348	5 259 513
天津	44 725 282	11 306 475	3 673 088	95 681	2 345 079	82 118 682	47 030 593	1 221 631
石家庄	17 548 191	11 255 479	690 926	18 544	1 268 277	32 179 559	17 424 226	1 209 182
唐山	1 166 803	212 522	78 656	30	77 183	2 025 692	1 118 919	53 418

续表

高新区名称	营业收入/万元	高技术产业营业收入/万元	出口总额/万元	技术服务出口额/万元	净利润/万元	年末资产总计/万元	年末负债总计/万元	规模以上企业综合能源消费量/吨标准煤
保定	20 384 908	1 187 953	466 847	0	887 109	25 367 905	16 726 584	439 027
承德	1 532 309	191 757	14 866	0	58 973	1 954 467	1 141 199	183 562
燕郊	5 804 429	199 123	57 585	4316	40 691	5 755 976	4 299 939	1 219 627
太原	20 342 541	2 641 108	93 371	1487	367 023	37 978 002	28 495 911	1 083 950
长治	3 050 623	95 846	4178	0	205 846	7 188 432	4 800 376	138 440
呼和浩特	7 026 112	7176	0	0	566 203	5 683 042	2 959 661	1 446 748
包头	10 914 462	500 354	217 406	0	439 934	17 585 390	11 576 432	6 527 369
鄂尔多斯	1 224 071	532 746	100 712	0	162 103	5 925 263	4 052 168	1 370 482
沈阳	12 568 799	5 272 558	821 211	1176	829 408	20 481 187	9 629 887	306 773
大连	22 522 992	7 701 618	3 084 100	650 295	990 495	27 496 613	14 655 383	5 589 357
鞍山	6 852 444	2 924 007	285 620	8404	764 843	6 421 876	3 254 125	201 452
本溪	318 963	235 088	19 635	0	10 721	744 638	369 370	60 221
锦州	2 831 581	316 889	238 534	0	146 044	3 242 341	2 017 911	812 704
营口	3 446 690	29 898	638 635	0	132 127	4 904 517	3 713 889	5 086 815
阜新	989 628	69 552	76 851	12	40 068	2 162 567	1 423 629	207 665
辽阳	11 943 782	12 321	104 333	0	476 388	14 077 630	7 359 418	3 990 064
长春	50 534 866	1 755 494	1 352 506	159 225	5 578 200	45 445 739	28 195 259	836 853
长春净月	9 164 770	2 035 057	611 726	479	1 154 726	17 762 143	11 580 290	332 787
吉林	8 772 941	506 072	81 020	0	378 235	6 924 186	2 839 864	6 620 175
通化	1 284 595	1 110 028	10 847	0	189 531	2 535 126	1 006 531	194 093
延吉	1 911 062	243 030	2599	0	89 432	2 399 628	1 244 889	733 775
哈尔滨	16 951 784	3 395 939	1 398 605	274 671	351 108	32 564 756	21 645 427	864 883
齐齐哈尔	1 594 227	4158	49 069	0	−41 350	2 494 075	1 661 327	73 764
大庆	25 927 892	466 247	302 238	20 286	1 909 060	9 804 611	5 176 944	3 182 557

续表

高新区名称	营业收入/万元	高技术产业营业收入/万元	出口总额/万元	技术服务出口额/万元	净利润/万元	年末资产总计/万元	年末负债总计/万元	规模以上企业综合能源消费量/吨标准煤
上海张江	192 580 282	69 515 121	26 311 367	1 807 460	18 832 699	325 890 937	160 711 120	4 765 600
上海紫竹	5 118 893	2 597 989	375 352	72 985	816 001	10 136 272	4 935 627	110 026
南京	57 394 654	25 548 193	5 566 641	165 356	3 833 879	70 501 175	36 876 944	3 283 082
无锡	38 137 680	17 509 069	14 089 570	624 366	2 648 875	39 811 183	17 073 051	1 473 234
江阴	16 487 222	2 342 759	2 457 342	12 560	576 179	18 135 942	8 609 467	4 299 984
徐州	9 842 534	1 570 261	382 707	0	722 672	3 352 021	1 886 617	77 108
常州	22 832 742	4 248 958	4 207 134	273 801	1 592 057	28 133 591	15 057 189	1 949 582
武进	14 077 981	4 561 089	1 639 692	23 977	1 433 366	28 110 989	19 482 082	215 921
苏州	32 078 315	17 029 881	15 658 245	80 291	1 534 853	32 330 013	16 320 569	1 811 851
昆山	16 648 336	7 111 598	5 538 939	30 149	941 649	16 763 534	8 818 531	685 213
苏州工业园	49 637 408	20 877 185	19 887 903	830 059	3 942 475	65 256 439	33 228 309	1 667 990
常熟	9 954 199	2 253 709	2 478 438	69 114	515 444	12 340 639	6 780 857	368 046
南通	25 276 224	1 873 986	3 389 373	22 017	2 890 620	15 881 327	8 372 688	483 955
连云港	4 952 437	3 667 978	283 405	40	990 170	6 856 048	2 299 342	355 559
淮安	1 900 476	45 476	85 463	0	59 298	2 261 032	1 025 800	473 659
盐城	6 753 946	1 153 879	580 776	468	693 524	3 512 210	1 722 158	330 891
扬州	5 085 200	965 252	310 500	5290	379 409	5 004 008	2 694 777	119 211
镇江	7 554 431	927 858	762 643	2844	259 883	11 512 356	7 199 757	1 187 688
泰州	11 140 669	5 487 038	147 061	2037	602 136	10 276 969	4 845 433	762 373
宿迁	2 704 661	118 637	238 416	0	82 222	3 377 554	1 590 934	2 845 500
杭州	54 800 066	29 623 155	4 409 341	428 034	5 359 280	78 361 683	43 238 405	286 895
萧山	12 658 185	186 450	575 776	859	657 979	20 965 584	14 815 926	2 853 980
宁波	36 380 057	5 746 271	4 058 770	577	1 956 960	30 656 101	15 305 301	874 296
温州	4 470 405	476 201	567 826	96	282 970	4 620 652	2 396 943	311 019

续表

高新区名称	营业收入/万元	高技术产业营业收入/万元	出口总额/万元	技术服务出口额/万元	净利润/万元	年末资产总计/万元	年末负债总计/万元	规模以上企业综合能源消费量/吨标准煤
嘉兴	6 340 489	974 522	1 526 679	7788	798 712	8 895 961	2 982 375	903 836
湖州莫干山	4 753 073	494 962	1 071 461	53 288	330 540	6 443 488	2 603 456	272 453
绍兴	5 799 410	546 676	674 242	2457	179 537	5 471 021	2 848 549	426 219
衢州	7 819 783	213 754	787 795	0	564 322	8 021 632	4 229 934	3 960 938
合肥	45 967 308	15 973 411	7 197 518	1 709 549	4 221 082	59 952 667	27 347 814	1 205 779
芜湖	13 419 935	1 429 712	1 023 610	3595	782 729	22 345 085	13 087 421	1 649 302
蚌埠	11 686 286	2 623 531	283 356	4558	652 385	12 536 215	7 771 016	670 528
马鞍山	9 795 107	428 654	439 955	0	359 955	11 044 307	6 446 360	3 136 275
铜陵狮子山	927 424	105 387	26 887	0	23 670	1 011 547	587 570	101 718
福州	8 895 162	6 725 735	2 473 742	23 442	549 299	8 774 152	4 200 178	116 518
厦门	28 446 510	23 816 121	10 104 306	44 746	1 501 881	29 706 294	16 773 171	507 973
莆田	6 217 685	1 499 798	348 283	463	534 537	3 991 938	1 428 235	341 182
三明	3 920 904	27 934	123 529	0	66 000	2 750 308	1 652 547	1 603 739
泉州	7 330 951	1 071 051	568 848	0	469 310	10 249 123	4 916 754	671 661
漳州	9 511 991	1 114 742	1 389 383	0	917 248	6 772 770	3 757 569	897 544
龙岩	3 290 384	120 652	108 856	0	185 261	3 743 514	2 178 030	76 820
南昌	28 523 027	7 841 607	2 138 808	75 991	1 272 773	25 202 554	12 630 610	2 373 335
景德镇	10 002 665	2 487 380	708 548	9979	268 327	11 450 410	7 591 115	702 413
新余	12 475 108	877 187	715 900	15 022	634 878	14 963 444	4 544 326	249 671
鹰潭	6 088 740	266 019	149 579	1163	307 222	4 396 127	731 926	80 170
赣州	3 390 551	115 930	269 840	500	205 092	1 467 436	819 382	1 145 351
吉安	4 027 838	1 004 778	689 744	0	261 464	1 987 349	826 722	67 526
抚州	5 605 923	1 016 251	205 738	750	349 997	3 941 022	1 751 177	395 735
济南	40 376 953	17 553 879	4 214 641	108 307	2 621 523	58 405 191	37 011 668	988 959

续表

高新区名称	营业收入/万元	高技术产业营业收入/万元	出口总额/万元	技术服务出口额/万元	净利润/万元	年末资产总计/万元	年末负债总计/万元	规模以上企业综合能源消费量/吨标准煤
青岛	26 908 493	5 056 344	3 756 911	554 058	2 139 283	46 895 752	31 708 857	383 072
淄博	21 243 169	2 757 097	1 509 861	77 614	1 228 049	17 816 464	8 757 154	4 785 054
枣庄	2 913 928	454 521	108 002	10	148 893	2 123 516	1 350 629	574 162
黄河三角洲	3 737 416	12 899	808	0	65 800	1 501 880	983 569	68 977
烟台	6 850 849	901 734	640 282	1475	439 881	9 292 319	4 869 738	241 662
潍坊	35 044 264	3 197 123	2 574 195	18 984	2 123 464	38 381 919	24 290 362	2 525 300
济宁	24 667 633	1 133 970	1 613 285	123	1 202 553	23 096 822	13 028 122	2 993 310
泰安	4 908 965	423 143	267 412	401	397 365	9 906 689	6 050 395	1 476 732
威海	15 319 949	9 224 921	3 249 739	571 703	1 429 527	18 079 080	8 037 785	761 231
莱芜	1 882 175	244 385	104 998	820	62 311	2 190 582	1 120 260	576 374
临沂	6 531 233	231 838	223 064	0	313 487	3 103 616	1 443 770	309 141
德州	3 061 227	84 825	218 003	0	128 083	3 788 170	2 199 084	905 713
郑州	26 610 407	4 956 237	1 969 042	5150	1 714 782	39 017 967	22 968 239	3 252 847
洛阳	17 600 059	3 663 930	917 104	204	460 051	24 042 493	14 705 645	1 265 900
平顶山	3 089 665	8314	27 384	1150	128 186	4 906 139	2 586 514	537 118
安阳	7 346 482	286 989	109 336	0	389 891	6 016 315	3 036 081	803 812
新乡	8 195 400	1 597 271	446 762	2500	1 093 616	5 250 620	1 498 703	284 075
焦作	4 338 332	1 024 260	20 130	3202	187 498	2 227 875	1 046 952	27 514
南阳	3 151 392	1 041 360	205 382	4361	206 167	4 369 646	2 159 705	335 198
武汉	120 124 578	38 509 707	10 910 707	1 274 366	8 452 330	145 807 581	86 104 777	1 258 853
宜昌	13 171 935	1 953 864	1 005 102	4330	811 513	20 860 112	12 872 377	5 449 329
襄阳	31 527 138	2 389 488	683 979	0	2 687 862	22 945 755	12 837 815	707 666
荆门	14 444 590	684 168	511 922	20 375	1 276 182	12 110 826	5 872 989	1 680 305
孝感	11 196 367	1 174 259	178 336	0	499 912	7 595 922	4 174 134	2 225 750

续表

高新区名称	营业收入/万元	高技术产业营业收入/万元	出口总额/万元	技术服务出口额/万元	净利润/万元	年末资产总计/万元	年末负债总计/万元	规模以上企业综合能源消费量/吨标准煤
黄冈	2 905 154	418 276	255 217	0	160 572	3 100 248	1 642 058	657 844
咸宁	8 689 140	803 653	311 829	0	486 684	6 370 828	2 867 673	1 192 513
随州	6 019 337	372 612	397 938	16	378 666	4 274 045	2 123 420	467 118
仙桃	6 457 870	692 253	314 420	0	269 501	4 970 162	2 413 476	341 321
长沙	55 191 953	10 423 612	4 942 510	31 571	4 157 242	94 611 915	56 820 366	916 548
株洲	21 648 829	1 795 113	854 095	15 087	1 268 083	45 827 463	26 220 589	1 456 286
湘潭	15 258 336	298 850	2 790 667	71 880	778 912	13 563 782	7 871 027	4 463 538
衡阳	6 988 755	1 547 673	824 227	4917	268 534	10 957 000	6 683 153	1 841 789
常德	3 509 105	152 136	109 499	524	192 456	2 954 267	1 450 736	1 775 687
益阳	7 228 419	2 149 954	293 927	0	260 972	3 936 040	2 004 038	136 692
郴州	2 143 306	258 746	579 280	0	53 425	2 737 679	1 666 752	159 517
广州	71 318 365	33 933 556	7 838 352	485 220	4 745 589	107 620 242	50 846 565	1 683 778
深圳	72 711 727	60 339 541	14 250 926	352 779	9 568 079	168 887 961	118 260 032	284 938
珠海	23 956 186	9 055 157	6 336 160	16 210	3 140 249	41 989 580	26 735 147	469 506
汕头	4 668 482	755 703	394 598	381	286 971	7 159 276	3 290 728	582 049
佛山	41 983 565	4 479 377	5 376 137	167 952	3 260 356	33 495 067	19 001 392	1 653 291
江门	8 233 776	2 042 106	1 984 821	332	484 081	8 452 323	3 885 597	613 857
肇庆	5 968 132	597 050	538 170	1236	269 749	5 200 105	3 049 461	1 674 259
惠州	26 726 359	22 529 660	14 450 315	194 414	1 343 980	23 417 040	12 684 355	434 034
源城	4 780 290	3 523 736	1 028 981	3832	159 131	3 441 393	2 250 607	135 930
清远	5 247 820	523 027	622 136	0	300 740	7 645 917	5 460 762	482 044
东莞	32 799 795	31 346 904	7 920 837	3272	1 924 009	22 273 942	15 675 582	198 935
中山	15 605 359	7 395 121	6 614 330	22 473	636 489	16 608 676	9 583 044	1 567 537
南宁	25 420 727	9 465 820	2 375 317	12 880	1 629 624	59 308 914	36 685 513	1 030 873

续表

高新区名称	营业收入/万元	高技术产业营业收入/万元	出口总额/万元	技术服务出口额/万元	净利润/万元	年末资产总计/万元	年末负债总计/万元	规模以上企业综合能源消费量/吨标准煤
柳州	23 157 186	169 497	463 548	0	798 452	18 358 351	12 951 614	2 057 881
桂林	8 751 123	1 779 337	527 990	661	531 240	9 574 371	5 147 895	1 147 966
北海	7 403 301	5 186 618	1 149 584	3758	927 225	2 946 478	1 667 743	26 834
海口	4 515 778	1 786 675	213 849	0	195 608	6 881 548	3 307 354	110 859
重庆	34 651 230	6 047 162	3 172 485	3847	2 867 613	38 373 074	22 024 239	711 326
璧山	5 071 934	878 362	524 269	8937	285 463	3 773 457	2 189 226	161 069
成都	59 275 950	36 471 384	17 117 399	2 576 351	5 148 499	94 469 376	57 827 352	993 930
自贡	4 277 590	228 809	201 834	2331	167 679	6 239 651	4 024 967	246 610
攀枝花	2 841 658	717	105 031	0	178 586	2 598 882	1 761 448	1 738 346
泸州	6 610 068	426 185	19 804	0	304 147	5 459 544	3 506 685	522 866
德阳	5 255 968	373 900	59 369	15	253 285	2 745 140	1 598 559	972 857
绵阳	13 165 968	9 504 266	1 416 158	0	253 664	14 682 990	10 220 783	207 787
内江	1 699 626	150 082	13 689	0	69 966	749 372	339 697	345 009
乐山	4 733 683	393 298	416 416	0	245 902	6 612 668	2 971 801	2 862 906
贵阳	31 169 006	7 105 906	687 572	7292	1 586 958	104 726 513	59 878 082	3 691 580
安顺	2 024 207	1 070 471	125 973	0	108 097	3 201 538	1 866 634	1 267 912
昆明	20 787 359	2 911 979	109 223	0	230 405	30 682 279	22 051 691	845 297
玉溪	8 136 857	111 050	59 416	0	646 046	14 744 910	3 139 882	145 428
西安	112 296 750	34 433 074	14 982 058	1 236 927	7 119 513	194 470 885	130 500 447	3 344 363
宝鸡	20 470 274	1 534 587	796 127	8282	887 009	18 795 168	11 439 499	456 358
杨凌	2 370 912	156 186	42 368	0	154 045	4 571 778	2 916 907	788 712
咸阳	4 383 360	677 423	124 756	230	348 908	3 710 425	2 121 590	420 981
渭南	4 026 316	463 878	264 474	0	346 650	7 483 587	3 705 949	4 099 448
榆林	3 992 350	67 692	122 155	16 802	797 350	10 972 005	5 790 263	5 510 323

续表

高新区名称	营业收入/万元	高技术产业营业收入/万元	出口总额/万元	技术服务出口额/万元	净利润/万元	年末资产总计/万元	年末负债总计/万元	规模以上企业综合能源消费量/吨标准煤
安康	2 778 142	779 931	15 576	1964	484 354	2 237 266	1 050 623	688 744
兰州	19 462 391	2 373 736	374 396	34	951 672	37 091 852	25 408 016	1 144 177
白银	8 405 007	62 990	39 626	0	50 458	11 159 248	7 081 251	3 677 799
青海	1 045 763	268 940	7639	0	36 994	2 035 008	787 440	23 550
银川	1 085 877	5965	144 010	0	−21 318	3 209 322	2 196 969	30 781
石嘴山	984 424	97 783	85 777	0	359	1 966 234	1 182 551	297 287
乌鲁木齐	34 638 482	1 296 818	116 914	62	2 003 010	72 405 935	43 107 466	5 555 168
昌吉	3 038 666	2296	79 082	0	229 372	5 244 644	2 247 535	115 185
石河子	3 703 810	14 318	10 710	0	358 218	7 094 287	4 705 296	9 945 449

表3-8　2018年国家高新区企业经济指标

高新区名称	营业收入/万元	高技术产业营业收入/万元	出口总额/万元	技术服务出口额/万元	净利润/万元	年末资产总计/万元	年末负债总计/万元	规模以上企业综合能源消费量/吨标准煤
中关村	588 308 988	207 957 853	20 883 872	3 106 423	36 688 237	1 296 957 918	740 012 270	6 272 337
天津	41 723 945	12 733 285	3 959 437	116 770	1 681 715	81 244 890	48 456 800	977 534
石家庄	20 003 149	11 346 742	821 927	23 147	1 486 259	36 683 080	19 461 581	1 150 203
唐山	1 222 809	191 385	52 408	47	83 375	1 913 805	858 195	43 071
保定	21 038 638	1 254 467	537 301	260	681 039	26 520 391	17 379 259	487 990
承德	1 588 363	190 613	16 782	0	48 333	2 107 583	1 263 102	171 600
燕郊	3 509 467	244 322	77 521	4946	34 813	4 906 250	3 483 133	1 186 692
太原	25 361 511	2 812 836	134 700	302	550 341	44 515 565	32 689 268	1 211 973
长治	2 782 759	123 702	5439	0	241 211	7 511 610	4 803 920	158 397

续表

高新区名称	营业收入/万元	高技术产业营业收入/万元	出口总额/万元	技术服务出口额/万元	净利润/万元	年末资产总计/万元	年末负债总计/万元	规模以上企业综合能源消费量/吨标准煤
呼和浩特	8 551 345	13 769	125 003	0	663 530	5 552 945	2 473 152	2 110 051
包头	11 964 512	630 341	296 589	0	274 733	19 612 249	12 224 169	6 955 426
鄂尔多斯	1 401 400	540 437	335 751	13	-70 898	5 770 774	4 097 926	89 906
沈阳	13 094 087	8 263 310	952 526	1372	643 260	20 551 456	9 560 672	279 696
大连	22 571 214	6 751 694	3 226 262	749 451	1 245 132	28 510 538	15 185 394	5 972 008
鞍山	7 556 579	3 123 952	401 581	16 576	997 284	6 563 035	3 471 943	201 054
本溪	498 601	315 649	42 979	0	10 245	926 871	487 502	43 495
锦州	2 844 978	246 745	298 937	657	142 859	3 204 686	1 887 621	792 352
营口	3 975 099	57 553	727 207	0	527 245	5 167 014	2 548 730	4 583 566
阜新	1 070 214	93 819	116 988	0	57 222	2 261 722	1 489 061	211 150
辽阳	12 972 006	14 266	94 093	0	337 783	12 931 958	6 213 999	4 589 384
长春	54 499 316	2 155 070	1 193 624	128 524	6 212 617	43 025 138	25 472 222	838 453
长春净月	8 202 715	1 752 022	124 436	692	1 145 271	22 905 499	16 464 057	333 024
吉林	9 092 231	477 105	85 970	0	404 244	6 713 193	2 987 358	6 125 680
通化	1 231 241	749 613	44 116	0	176 734	3 264 744	1 302 509	185 393
延吉	1 744 332	205 905	26 620	3475	28 071	2 414 529	1 165 540	719 351
哈尔滨	17 403 962	3 896 020	1 107 215	36 504	471 163	32 093 541	20 367 932	816 099
齐齐哈尔	2 008 818	23 948	87 992	0	53 079	3 219 498	2 220 424	28 597
大庆	14 739 754	464 589	304 123	147	763 472	10 865 758	6 220 641	11 675 070
上海张江	214 376 423	77 293 827	24 825 091	1 911 969	20 419 733	400 097 406	202 718 998	3 766 600
上海紫竹	6 443 961	2 855 803	878 343	321 607	987 060	12 973 987	6 317 464	77 258
南京	62 033 365	23 488 895	7 408 981	167 122	3 709 277	77 277 942	39 640 298	3 437 730
无锡	39 768 370	17 833 452	15 461 029	104 771	2 961 490	43 598 850	18 469 135	1 574 829
江阴	17 518 550	2 971 234	2 792 096	123 155	765 016	18 829 582	8 954 184	2 685 088

续表

高新区名称	营业收入/万元	高技术产业营业收入/万元	出口总额/万元	技术服务出口额/万元	净利润/万元	年末资产总计/万元	年末负债总计/万元	规模以上企业综合能源消费量/吨标准煤
徐州	9 932 975	371 921	384 728	0	747 046	5 635 289	2 573 186	69 007
常州	27 005 739	5 109 385	4 415 591	277 523	1 891 579	31 532 669	16 704 156	2 245 103
武进	16 016 733	4 014 674	2 218 453	19 805	1 894 432	40 486 128	28 600 089	250 149
苏州	36 176 941	18 745 968	18 330 256	81 035	1 767 637	37 250 770	19 707 658	1 972 414
昆山	17 171 785	7 047 961	5 633 765	10 808	913 810	19 966 345	10 327 974	552 411
苏州工业园	51 019 354	23 521 999	19 102 839	969 816	4 021 160	62 732 246	31 574 709	1 597 749
常熟	10 607 034	2 512 151	2 594 401	103 841	537 356	12 481 921	6 332 797	431 106
南通	25 468 889	2 119 308	3 520 904	23 244	2 885 625	13 601 764	6 938 318	445 034
连云港	5 748 417	4 770 920	309 241	0	1 188 705	7 945 998	2 920 805	353 975
淮安	2 297 942	137 648	100 418	0	123 824	2 675 036	1 281 634	428 910
盐城	4 454 020	984 527	223 361	176	324 039	3 877 592	2 320 749	307 187
扬州	4 072 628	710 094	408 621	7623	281 444	4 832 375	2 854 708	132 908
镇江	6 659 993	760 090	686 359	330	179 125	9 412 123	6 150 144	838 216
泰州	11 590 010	7 242 919	835 759	1486	530 190	12 312 710	5 763 911	1 157 990
宿迁	3 227 825	220 784	346 217	0	99 801	3 860 725	1 860 944	515 873
杭州	64 264 710	35 758 462	4 617 388	473 097	5 684 178	97 215 689	55 328 112	280 141
萧山	13 462 921	222 774	596 843	928	517 195	21 589 356	15 561 210	2 894 529
宁波	39 378 619	7 674 181	6 090 024	89 082	3 032 104	44 728 045	21 473 164	2 747 565
温州	7 054 620	680 796	1 026 809	1238	556 278	7 695 215	3 617 591	413 037
嘉兴	7 314 093	1 182 686	1 688 658	9917	912 260	9 967 848	3 353 544	835 450
湖州莫干山	5 670 862	484 928	1 241 572	79 774	401 872	7 787 518	3 185 473	338 289
绍兴	7 670 018	710 378	1 458 411	0	378 647	8 667 632	4 367 196	819 705
衢州	9 953 230	337 243	903 419	0	691 353	10 048 111	4 917 618	4 389 653

续表

高新区名称	营业收入/万元	高技术产业营业收入/万元	出口总额/万元	技术服务出口额/万元	净利润/万元	年末资产总计/万元	年末负债总计/万元	规模以上企业综合能源消费量/吨标准煤
合肥	50 082 779	21 479 716	7 673 752	2 134 665	4 476 989	66 412 254	31 297 639	1 368 493
芜湖	13 536 365	1 426 591	1 267 304	2340	749 984	22 796 527	13 332 138	428 548
蚌埠	11 655 709	4 914 450	283 169	851	754 614	20 210 778	13 523 013	661 236
淮南	631 373	184 992	658	0	34 089	1 853 517	720 093	54 624
马鞍山	11 459 892	387 569	538 303	0	449 836	12 462 240	7 700 240	3 337 285
铜陵狮子山	1 128 910	100 027	56 114	0	40 472	1 044 390	526 146	258 143
福州	12 022 015	7 075 585	1 591 944	61 893	923 827	13 629 264	6 282 039	199 364
厦门	32 424 010	26 244 799	10 769 691	53 871	1 700 809	34 244 742	18 480 290	565 419
莆田	6 521 825	1 514 502	424 037	155	512 560	4 314 169	1 908 578	333 013
三明	4 403 456	40 744	132 425	0	117 263	2 896 534	1 701 716	1 618 370
泉州	8 109 491	1 085 849	665 843	0	514 976	11 389 225	5 714 922	676 964
漳州	10 400 025	1 209 891	1 438 228	0	1 010 838	7 502 450	4 171 006	1 660 054
龙岩	3 588 161	144 488	149 767	0	288 775	3 995 910	2 280 038	72 394
南昌	31 534 676	9 672 788	2 424 721	88 439	1 441 170	28 304 385	14 199 913	2 283 840
景德镇	8 858 735	2 609 622	845 060	12 080	178 832	11 108 250	7 865 834	634 292
九江共青城	2 515 877	171 069	132 895	0	153 564	3 201 693	930 833	3302
新余	15 082 597	1 598 730	773 798	18 409	822 140	12 758 805	5 553 538	280 786
鹰潭	5 085 692	293 599	164 699	1178	269 375	3 664 369	848 287	78 214
赣州	1 283 727	27 916	163 154	760	77 366	1 483 899	908 081	842 014
吉安	4 398 510	1 984 308	866 699	0	296 895	2 063 355	751 082	63 329
宜春丰城	4 909 762	194 680	121 566	0	294 846	3 403 177	1 787 479	3 488 270
抚州	5 859 529	913 700	223 718	17 324	394 097	5 738 364	2 544 447	371 970
济南	51 258 103	20 897 778	4 334 890	70 395	3 108 365	70 877 969	44 817 387	580 836

续表

高新区名称	营业收入/万元	高技术产业营业收入/万元	出口总额/万元	技术服务出口额/万元	净利润/万元	年末资产总计/万元	年末负债总计/万元	规模以上企业综合能源消费量/吨标准煤
青岛	31 707 421	5 706 165	3 649 388	516 845	2 363 679	52 241 294	33 209 028	366 591
淄博	22 596 024	2 652 681	1 536 946	23 084	1 240 605	20 005 282	10 209 863	4 618 904
枣庄	2 508 212	146 798	141 989	0	150 152	4 066 662	2 639 679	3 990 771
黄河三角洲	2 521 862	62	1933	0	−3624	1 925 469	1 784 149	242 173
烟台	8 970 056	816 569	680 549	1470	517 888	11 509 101	6 898 377	242 716
潍坊	36 835 588	2 978 083	2 313 825	15 835	2 344 563	40 416 189	25 857 045	2 592 517
济宁	26 063 057	1 174 981	1 513 521	213	1 357 015	25 675 566	13 294 452	2 608 678
泰安	5 889 261	465 685	258 876	2150	390 558	10 512 002	6 827 316	1 671 471
威海	16 012 548	10 107 669	3 446 654	603 337	1 365 426	18 627 333	7 978 832	857 499
莱芜	1 789 975	70 931	115 722	900	65 884	1 978 128	1 002 537	403 256
临沂	7 327 052	414 651	258 484	0	415 899	3 070 280	1 550 643	302 581
德州	1 755 010	5008	211 668	0	20 994	3 504 522	2 297 951	696 649
郑州	24 537 236	4 712 120	1 574 990	27 970	1 347 770	36 101 829	21 633 059	2 866 914
洛阳	18 563 196	3 137 557	931 574	5366	347 595	30 747 541	17 160 943	1 202 078
平顶山	5 224 569	169 760	199 556	2290	168 619	7 920 516	4 626 577	921 779
安阳	7 669 181	194 169	247 348	0	434 148	8 395 522	5 359 726	990 665
新乡	6 185 179	1 238 670	480 330	5636	977 125	4 962 565	1 533 294	221 104
焦作	4 100 707	923 908	29 148	5670	221 218	2 047 946	912 700	18 311
南阳	2 984 756	1 084 596	217 789	0	216 874	4 614 383	2 331 206	273 154
武汉	125 080 769	42 233 072	11 351 516	1 708 958	10 109 771	148 183 364	86 064 344	1 212 940
黄石大冶湖	10 381 370	357 944	416 749	0	647 806	19 169 331	10 139 698	3 485 182
宜昌	15 167 593	2 074 942	1 202 773	4779	1 081 141	23 773 179	14 736 468	5 168 813
襄阳	33 405 315	2 071 569	718 524	38 800	3 022 530	24 827 710	13 246 297	648 475

续表

高新区名称	营业收入/万元	高技术产业营业收入/万元	出口总额/万元	技术服务出口额/万元	净利润/万元	年末资产总计/万元	年末负债总计/万元	规模以上企业综合能源消费量/吨标准煤
荆门	15 950 095	882 183	657 862	22 814	1 515 189	13 217 623	6 203 422	1 773 133
孝感	13 690 835	1 225 044	229 800	9964	689 897	9 107 251	4 911 728	2 388 020
荆州	878 530	2	65 741	0	16 483	1 205 112	728 575	65 496
黄冈	4 423 485	430 229	177 792	0	253 391	4 584 888	2 444 494	2 421 053
咸宁	9 126 752	791 827	222 946	8699	1 189 878	6 823 581	3 032 446	822 475
随州	6 296 730	340 399	328 309	1	384 651	4 668 026	2 479 269	399 883
仙桃	6 433 918	624 612	765 264	0	271 144	4 573 418	2 339 295	362 546
潜江	3 193 436	228 034	109 487	0	86 983	1 964 224	1 325 952	1 107 529
长沙	42 912 274	9 116 726	4 209 098	268 093	3 609 038	90 629 567	54 009 450	676 350
株洲	23 112 048	2 121 141	916 543	14 839	1 042 179	46 698 126	27 013 958	1 529 640
湘潭	14 136 395	305 890	452 212	25 896	641 718	13 489 725	8 004 788	7 482 621
衡阳	7 592 746	1 353 730	928 785	5671	296 688	13 161 553	7 844 595	1 349 599
常德	4 217 264	130 916	101 873	491	273 506	5 454 799	2 888 852	482 258
益阳	7 784 693	2 274 815	365 860	4882	298 002	3 962 392	2 007 057	137 178
郴州	2 641 740	325 700	613 594	0	54 239	3 225 017	2 028 015	172 720
怀化	1 082 633	90 296	4044	0	46 073	1 360 362	886 933	705 924
广州	105 407 811	40 535 799	11 639 006	507 499	8 075 139	134 642 322	64 870 724	3 799 354
深圳	131 555 518	108 805 152	15 301 350	469 958	13 093 772	278 834 112	199 863 386	501 948
珠海	27 728 719	9 949 637	7 669 633	15 018	2 974 474	47 273 938	28 780 716	553 964
汕头	3 318 843	772 900	449 057	1150	232 981	5 141 875	2 326 890	296 110
佛山	42 871 782	4 518 860	5 465 622	89 857	2 684 625	37 795 672	20 622 859	2 152 745
江门	10 464 786	2 993 210	3 149 227	1621	512 979	9 925 752	4 492 347	657 865
湛江	6 973 777	125 293	470 226	2659	643 766	10 476 892	5 687 788	7 011 920

续表

高新区名称	营业收入/万元	高技术产业营业收入/万元	出口总额/万元	技术服务出口额/万元	净利润/万元	年末资产总计/万元	年末负债总计/万元	规模以上企业综合能源消费量/吨标准煤
茂名	2 991 569	67 856	150 293	182	199 664	2 130 039	977 177	1 256 849
肇庆	5 229 374	816 618	593 770	0	134 623	5 639 132	3 166 481	1 103 544
惠州	24 391 276	19 942 936	12 397 150	713 928	1 681 861	25 806 704	13 636 442	454 048
源城	5 000 288	2 625 058	923 543	3891	165 694	3 642 215	2 259 125	135 093
清远	6 287 754	681 329	705 952	0	355 860	9 045 406	6 397 687	541 074
东莞	45 747 952	43 173 863	14 467 900	9556	1 749 425	29 643 632	20 895 048	243 321
中山	16 262 205	7 393 005	6 535 838	56 352	586 318	17 436 628	9 480 856	1 446 544
南宁	26 117 538	10 197 286	3 916 588	31 192	1 276 050	68 197 280	42 921 254	1 144 452
柳州	23 157 626	206 320	425 930	8202	702 392	18 769 894	13 219 610	990 492
桂林	10 123 254	1 897 898	783 897	6365	687 275	12 021 441	6 822 914	1 747 497
北海	7 463 263	5 503 545	1 470 098	4261	770 200	3 991 586	2 346 082	57 493
海口	4 695 912	2 225 939	218 846	16	170 858	6 944 475	3 552 950	107 564
重庆	31 573 613	5 479 481	2 336 791	6129	1 334 436	40 063 264	23 880 449	779 689
璧山	4 684 828	839 615	552 334	10 556	310 272	3 717 461	2 276 591	156 288
荣昌	2 780 951	542 326	87 835	0	237 037	1 867 769	641 328	105 095
永川	10 041 667	1 888 539	354 756	0	837 621	9 433 133	5 269 738	1 842 971
成都	63 609 803	40 983 108	19 215 362	3 183 174	5 631 656	108 187 831	67 231 216	892 993
自贡	4 752 702	275 102	335 891	4180	200 357	6 461 117	4 035 330	237 722
攀枝花	3 765 132	3171	55 521	0	352 038	3 004 513	2 374 343	1 128 119
泸州	7 491 881	883 904	172 475	0	505 057	6 009 983	3 314 547	1 229 722
德阳	5 958 064	474 560	192 911	185	443 524	3 254 439	2 060 154	761 044
绵阳	14 045 908	10 461 474	1 496 773	0	156 934	18 798 634	12 372 586	170 949
内江	2 184 044	100 959	121 636	1381	147 543	1 079 608	549 014	422 138

续表

高新区名称	营业收入/万元	高技术产业营业收入/万元	出口总额/万元	技术服务出口额/万元	净利润/万元	年末资产总计/万元	年末负债总计/万元	规模以上企业综合能源消费量/吨标准煤
乐山	5 760 821	546 301	464 413	75	295 824	7 265 809	3 331 680	3 212 832
贵阳	26 280 899	7 501 470	807 695	8893	1 197 363	98 993 895	57 893 406	2 223 556
安顺	2 378 967	1 408 127	100 166	0	204 745	3 736 220	2 417 146	813 449
昆明	20 956 410	2 891 975	118 205	0	537 401	29 759 730	21 521 078	677 297
玉溪	8 858 980	286 240	146 605	0	598 904	15 375 010	3 083 732	1 823 788
楚雄	1 937 542	158 506	2778	0	42 028	1 270 722	706 495	128 504
西安	115 056 025	48 805 927	15 954 118	2 168 002	9 586 258	153 491 993	90 127 447	3 011 547
宝鸡	21 197 161	1 661 910	780 959	9810	930 072	20 046 522	12 137 040	441 075
杨凌	2 600 136	155 797	22 557	5	176 657	4 463 767	2 815 642	817 151
咸阳	5 094 112	967 563	302 053	245	357 912	9 305 205	4 170 262	442 059
渭南	4 643 985	291 973	190 960	40	245 891	7 255 503	3 407 549	4 552 769
榆林	7 582 311	261 827	188 106	29 147	1 680 215	17 817 174	8 212 398	3 874 724
安康	3 355 480	945 360	24 603	2589	598 848	2 536 804	1 082 539	801 899
兰州	17 481 601	2 543 487	477 359	73	1 021 871	29 905 488	18 333 703	1 206 139
白银	9 103 719	36 633	89 583	0	72 305	10 915 335	7 047 950	4 537 550
青海	749 684	218 353	11 756	0	36 781	1 553 465	695 356	22 529
银川	946 497	7992	22 817	0	−67 068	3 358 505	2 177 844	79 031
石嘴山	1 215 183	83 970	79 894	0	65 516	2 075 848	1 256 524	375 375
乌鲁木齐	39 016 747	1 148 522	157 121	378	2 516 120	76 515 329	45 447 717	4 038 949
昌吉	2 297 790	3771	154 950	94	−89 302	5 403 930	2 411 965	95 548
石河子	4 124 122	262 928	12 277	0	253 208	7 136 978	4 363 744	9 590 651

2.人员指标

见表 3-9 至表 3-12。

表3-9 2015年国家高新区企业人员指标

高新区名称	年末从业人员/人	R&D人员折合全时当量/人年	高技术服务业从业人员/人	留学归国人员/人	外籍常住人员/人
中关村	2 308 225	138 391	1 052 175	27 151	8533
天津	375 366	21 013	52 131	3948	2970
石家庄	110 581	14 346	19 936	479	103
唐山	17 567	603	3534	42	53
保定	112 243	10 139	9610	265	20
承德	12 570	221	1026	5	0
燕郊	36 007	783	1322	104	166
太原	129 143	5511	34 526	257	20
长治	51 966	2116	243	23	0
呼和浩特	62 743	327	0	56	11
包头	105 659	8234	7871	730	31
沈阳	91 138	3533	30 283	959	144
大连	179 977	4755	72 729	4286	896
鞍山	93 136	11 078	3521	314	45
本溪	14 770	406	28	63	4
锦州	23 749	535	39	294	19
营口	40 864	490	0	78	17
阜新	19 866	843	0	13	5
辽阳	39 291	1384	67	56	12
长春	165 554	4951	11 004	1760	711
长春净月	128 395	7567	23 738	824	156
吉林	67 208	3574	1997	39	0

续表

高新区名称	年末从业人员/人	R&D 人员折合全时当量/人年	高技术服务业从业人员/人	留学归国人员/人	外籍常住人员/人
通化	76 273	1057	0	22	9
延吉	12 905	15	1901	25	24
哈尔滨	155 034	10 024	15 356	246	11
齐齐哈尔	29 470	2801	43	31	0
大庆	112 141	6062	7609	83	131
上海张江	810 692	83 471	261 589	9698	6659
上海紫竹	21 686	1852	9994	1870	461
南京	221 064	24 631	25 779	958	648
无锡	297 839	13 612	21 828	2515	1879
江阴	91 985	5171	382	117	157
徐州	40 549	2588	2852	49	14
常州	161 045	8321	8173	1580	1269
武进	89 759	5909	4122	274	334
苏州	225 924	19 088	13 565	738	1842
昆山	192 686	7005	2245	354	975
苏州工业园	274 367	39 101	38 011	7015	9419
常熟	80 461	1779	1680	196	932
南通	95 389	4579	529	145	37
连云港	35 279	3132	426	68	30
盐城	53 957	734	0	60	21
扬州	34 875	1641	57	21	22
镇江	33 833	413	1206	34	20
泰州	55 221	1234	1062	295	120
杭州	268 302	45 492	110 803	1996	877
萧山	68 262	1950	0	61	184

续表

高新区名称	年末从业人员/人	R&D人员折合全时当量/人年	高技术服务业从业人员/人	留学归国人员/人	外籍常住人员/人
宁波	167 351	11 503	12 676	669	174
温州	68 576	2345	1304	35	152
嘉兴	45 998	3006	3119	64	146
湖州莫干山	35 230	1890	46	30	28
绍兴	35 059	444	391	36	5
衢州	61 689	2463	0	56	59
合肥	190 547	26 415	37 158	4161	1469
芜湖	73 970	4883	1930	122	79
蚌埠	60 889	5936	4656	137	390
马鞍山	34 648	2000	2440	19	11
福州	66 917	6754	17 765	143	216
厦门	163 572	10 735	18 873	820	478
莆田	42 941	362	32	204	153
三明	22 394	360	0	7	4
泉州	69 964	2405	406	73	89
漳州	97 568	2094	246	186	138
龙岩	34 884	1596	2980	10	9
南昌	120 125	6042	12 264	881	201
景德镇	62 201	2333	25	185	151
新余	46 547	534	172	297	149
鹰潭	25 247	320	0	155	76
赣州	20 062	72	10	8	0
吉安	35 479	452	0	27	4
抚州	32 977	1580	348	28	2
济南	240 640	22 926	67 155	743	365

续表

高新区名称	年末从业人员/人	R&D 人员折合全时当量/人年	高技术服务业从业人员/人	留学归国人员/人	外籍常住人员/人
青岛	125 385	12 229	6338	420	140
淄博	113 344	11 823	8991	140	25
枣庄	35 055	192	100	0	0
黄河三角洲	573	1	14	0	1
烟台	50 632	1631	1419	335	90
潍坊	154 525	12 948	12 052	1145	230
济宁	198 810	6566	522	186	171
泰安	54 386	2719	2031	25	9
威海	113 181	5660	396	897	589
莱芜	17 194	485	0	26	38
临沂	67 352	1189	82	62	21
德州	20 356	481	18	11	0
郑州	259 235	9903	9474	2831	718
洛阳	117 022	19 090	10 079	500	361
平顶山	10 570	366	0	36	6
安阳	55 726	2422	859	143	11
新乡	55 154	2737	418	47	10
焦作	45 888	272	1136	190	2
南阳	49 003	2154	4185	70	6
武汉	511 934	43 087	89 721	3251	1046
宜昌	127 723	7936	923	452	147
襄阳	164 740	21 215	1945	302	2361
荆门	82 497	2425	15	57	11
孝感	86 593	3345	1890	123	102
随州	23 025	362	0	33	5

续表

高新区名称	年末从业人员/人	R&D 人员折合全时当量/人年	高技术服务业从业人员/人	留学归国人员/人	外籍常住人员/人
仙桃	80 691	270	0	25	63
长沙	278 253	26 560	22 538	1495	629
株洲	115 636	10 029	1849	516	132
湘潭	85 439	2998	616	106	17
衡阳	48 100	1849	131	23	78
益阳	29 164	1608	554	409	137
郴州	23 855	411	0	14	19
广州	410 131	50 076	142 102	3271	1737
深圳	434 108	50 665	131 226	2352	714
珠海	203 485	22 125	13 861	549	733
佛山	267 976	16 228	6250	1564	629
江门	73 022	3230	239	44	77
肇庆	51 240	3755	233	67	116
惠州	185 473	6165	796	165	406
源城	48 385	247	127	13	47
清远	60 362	737	7306	13	313
东莞	78 915	6362	4956	263	150
中山	133 487	8303	2629	234	746
南宁	179 936	9049	31 219	243	62
柳州	101 196	8569	1462	122	39
桂林	84 991	2628	4514	99	26
北海	28 663	406	383	14	73
海口	35 541	1698	213	229	44
重庆	209 800	10 876	31 542	2573	493
璧山	71 612	804	0	47	46

续表

高新区名称	年末从业人员/人	R&D 人员折合全时当量/人年	高技术服务业从业人员/人	留学归国人员/人	外籍常住人员/人
成都	377 784	27 846	65 433	2201	830
自贡	37 308	1327	279	42	52
攀枝花	11 767	287	162	7	2
泸州	55 279	659	542	7	25
德阳	41 432	336	0	3	2
绵阳	111 763	9234	851	48	28
乐山	28 767	569	155	27	7
贵阳	264 098	10 627	17 841	208	57
昆明	71 013	4724	5380	345	29
玉溪	20 131	478	141	40	1
西安	399 403	32 243	104 362	5182	4255
宝鸡	145 515	7384	780	115	16
杨凌	24 266	192	195	103	5
咸阳	16 992	499	10	45	16
渭南	26 427	412	13	16	1
榆林	14 538	14	67	4	0
安康	19 706	10	2680	4	0
兰州	100 752	519	10 363	2184	34
白银	70 407	494	365	89	5
青海	14 054	71	0	23	0
银川	14 574	88	0	16	11
石嘴山	20 969	1002	0	30	10
乌鲁木齐	108 303	904	7142	187	21
昌吉	12 592	220	332	72	159
石河子	17 068	543	3	4	210

表3-10 2016年国家高新区企业人员指标

高新区名称	年末从业人员/人	R&D人员折合全时当量/人年	高技术服务业从业人员/人	留学归国人员/人	外籍常住人员/人
中关村	2 482 615	148 982	1 149 286	30 197	7153
天津	372 824	29 083	52 842	3030	2349
石家庄	119 325	16 991	21 702	510	108
唐山	16 573	438	2762	44	46
保定	114 303	17 444	9189	157	311
承德	12 064	309	1159	5	0
燕郊	36 018	504	1587	107	168
太原	119 348	7272	33 168	193	20
长治	50 892	2852	291	9	1
呼和浩特	59 228	772	0	68	12
包头	90 820	4939	7239	339	33
沈阳	109 696	3913	33 111	483	62
大连	180 671	10 946	83 397	4708	927
鞍山	38 375	3783	2153	131	17
本溪	9343	410	0	18	3
锦州	21 379	676	64	10	16
营口	34 260	952	0	113	19
阜新	17 436	623	0	7	1
辽阳	38 976	1194	38	27	9
长春	171 482	12 171	11 364	1876	766
长春净月	135 130	11 236	24 785	819	155
吉林	68 126	3654	2387	34	0
通化	78 556	761	0	22	1
延吉	13 385	56	2224	11	23
哈尔滨	96 524	8200	17 586	169	9

续表

高新区名称	年末从业人员/人	R&D人员折合全时当量/人年	高技术服务业从业人员/人	留学归国人员/人	外籍常住人员/人
齐齐哈尔	25 689	2270	53	25	0
大庆	112 391	4761	7828	85	135
上海张江	913 156	88 070	286 246	9635	8043
上海紫竹	22 112	3354	10 110	1801	542
南京	249 453	25 365	32 795	1266	582
无锡	247 778	10 963	21 190	4740	3209
江阴	93 021	5027	560	359	225
徐州	40 793	2965	1990	49	14
常州	164 026	20 180	9027	1717	1308
武进	108 299	7136	3695	367	386
苏州	225 468	24 050	16 291	1418	1881
昆山	186 631	12 341	4036	344	1161
苏州工业园	276 599	44 779	48 960	8133	9730
常熟	77 048	3083	1578	217	643
南通	95 920	4554	1090	366	53
连云港	41 237	3707	676	72	30
盐城	54 662	1518	165	138	241
扬州	37 670	2476	109	109	40
镇江	65 232	2346	3706	99	85
泰州	46 738	1646	1569	218	80
杭州	291 863	43 250	124 179	2354	785
萧山	70 975	1565	165	56	132
宁波	171 125	12 045	13 850	527	143
温州	108 791	3611	1505	55	34
嘉兴	52 036	4193	3424	83	168

续表

高新区名称	年末从业人员/人	R&D 人员折合全时当量/人年	高技术服务业从业人员/人	留学归国人员/人	外籍常住人员/人
湖州莫干山	38 216	1831	288	42	31
绍兴	54 979	3320	1627	66	18
衢州	64 313	2526	233	46	41
合肥	219 528	27 977	47 380	5603	1752
芜湖	83 957	6038	2272	114	92
蚌埠	63 061	6780	4735	234	37
马鞍山	36 128	2051	2348	14	10
福州	67 170	8531	16 760	134	128
厦门	182 089	21 120	30 639	1049	770
莆田	47 943	1019	31	213	209
三明	16 546	412	0	7	4
泉州	74 277	3009	785	66	109
漳州	98 608	2655	437	178	142
龙岩	39 121	1511	22	19	8
南昌	127 008	10 549	14 438	1010	209
景德镇	65 798	2573	54	215	167
新余	57 148	2636	190	398	221
鹰潭	26 507	842	0	108	71
赣州	23 640	211	142	121	42
吉安	40 490	342	0	18	10
抚州	33 945	1757	395	28	1
济南	258 606	24 906	69 343	824	374
青岛	128 316	14 029	9217	452	159
淄博	113 426	8478	8324	184	49
枣庄	33 688	70	177	0	0

续表

高新区名称	年末从业人员/人	R&D 人员折合全时当量/人年	高技术服务业从业人员/人	留学归国人员/人	外籍常住人员/人
黄河三角洲	4164	11	15	1	1
烟台	59 869	1445	1811	120	116
潍坊	156 316	7578	10 157	909	159
济宁	172 801	5814	2163	159	118
泰安	52 171	3434	1893	15	21
威海	118 420	6014	492	951	666
莱芜	16 792	462	0	16	30
临沂	69 094	831	227	44	14
德州	22 507	440	18	13	2
郑州	324 624	13 203	28 095	3105	900
洛阳	112 403	14 434	9752	298	123
平顶山	10 942	584	0	85	6
安阳	63 510	2567	1128	173	16
新乡	60 777	2993	330	51	12
焦作	41 282	430	952	54	1
南阳	48 298	2531	4141	62	6
武汉	548 668	37 357	110 538	3948	1788
宜昌	112 165	7485	1640	343	69
襄阳	169 467	22 102	2813	312	2370
荆门	102 345	4516	108	179	20
孝感	88 391	2673	1981	123	102
随州	28 065	397	0	26	5
仙桃	89 126	367	707	21	43
长沙	300 129	28 698	30 608	1393	647
株洲	123 608	6717	1650	411	138

续表

高新区名称	年末从业人员/人	R&D 人员折合全时当量/人年	高技术服务业从业人员/人	留学归国人员/人	外籍常住人员/人
湘潭	73 010	4095	880	130	27
衡阳	52 314	1984	554	43	82
益阳	41 032	2100	594	412	144
郴州	17 110	533	50	9	12
广州	469 592	64 589	179 719	2876	1511
深圳	485 461	60 660	156 134	5176	2062
珠海	213 921	23 314	16 890	484	438
佛山	287 748	19 699	7159	1728	796
江门	77 467	3587	338	41	95
肇庆	54 948	3799	68	29	301
惠州	189 996	12 676	1439	194	494
源城	46 418	372	130	14	48
清远	60 097	1271	6168	11	155
东莞	83 343	8999	5623	243	182
中山	138 051	10 109	2571	233	858
南宁	208 568	9772	38 780	232	25
柳州	105 218	9180	1919	158	41
桂林	133 948	2928	5616	129	14
北海	29 251	457	534	14	69
海口	34 465	1278	308	60	42
重庆	200 392	11 038	32 988	1361	393
璧山	80 790	2010	0	17	47
成都	379 478	30 262	76 069	2097	410
自贡	36 878	1648	288	28	50
攀枝花	10 588	293	162	3	2

续表

高新区名称	年末从业人员/人	R&D人员折合全时当量/人年	高技术服务业从业人员/人	留学归国人员/人	外籍常住人员/人
泸州	54 836	423	396	10	23
德阳	30 589	487	0	13	4
绵阳	121 749	9690	1434	54	29
乐山	45 273	755	222	23	13
贵阳	268 376	10 304	34 111	171	64
昆明	71 409	4445	5430	229	57
玉溪	21 313	422	181	34	3
西安	415 344	45 936	114 333	5476	4630
宝鸡	151 451	9236	805	175	35
杨凌	27 240	674	339	28	12
咸阳	19 802	832	147	35	10
渭南	26 579	812	12	18	2
榆林	14 249	6	87	4	0
安康	22 546	6	3109	6	0
兰州	121 774	1603	14 945	2249	35
白银	66 239	656	384	5	0
青海	14 732	214	137	13	5
银川	13 428	184	0	14	8
石嘴山	21 119	1112	0	16	11
乌鲁木齐	112 295	911	7453	123	118
昌吉	13 780	110	112	73	195
石河子	15 211	966	2	2	0

表3-11 2017年国家高新区企业人员指标

高新区名称	年末从业人员/人	R&D 人员折合全时当量/人年	高技术服务业从业人员/人	留学归国人员/人	外籍常住人员/人
中关村	2 620 437	182 450	1 283 406	34 729	5327
天津	353 116	24 309	59 304	1101	932
石家庄	124 195	8030	23 811	455	115
唐山	17 401	833	3033	46	48
保定	131 323	10 061	9438	154	257
承德	14 655	301	4085	14	0
燕郊	35 954	943	2330	113	171
太原	121 760	8192	33 316	197	19
长治	42 939	3285	507	9	1
呼和浩特	57 051	1050	137	92	7
包头	95 962	7360	8577	276	42
鄂尔多斯	10 545	254	75	14	12
沈阳	104 370	7964	35 417	453	64
大连	193 893	17 987	87 337	4304	1060
鞍山	37 871	4004	2530	194	33
本溪	6917	488	219	22	2
锦州	22 451	1252	154	21	12
营口	23 086	1635	131	30	13
阜新	17 068	669	48	7	6
辽阳	45 059	600	33	27	5
长春	178 224	13 470	12 204	2078	898
长春净月	118 772	5426	23 299	702	187
吉林	69 813	3832	2587	23	0
通化	11 916	593	0	11	49
延吉	12 469	63	2213	21	24

续表

高新区名称	年末从业人员/人	R&D人员折合全时当量/人年	高技术服务业从业人员/人	留学归国人员/人	外籍常住人员/人
哈尔滨	85 990	5901	20 382	164	29
齐齐哈尔	20 515	855	105	3	0
大庆	116 715	5994	6871	85	164
上海张江	1 062 759	90 895	367 742	13 156	9215
上海紫竹	26 829	2760	15 083	2679	631
南京	305 728	40 163	60 186	1764	580
无锡	262 679	15 335	22 343	4889	3416
江阴	83 391	5987	790	378	227
徐州	61 108	4303	2985	90	39
常州	172 515	17 302	12 781	1724	1726
武进	119 071	8245	4263	368	404
苏州	232 579	25 273	16 629	777	1673
昆山	188 277	11 540	8079	379	1160
苏州工业园	281 979	58 366	52 793	8664	10 450
常熟	75 863	3175	1411	206	650
南通	97 542	2259	1256	424	70
连云港	47 043	3764	807	96	25
淮安	23 875	646	18	22	107
盐城	59 701	2034	336	173	255
扬州	41 058	3557	689	196	55
镇江	63 216	2969	3727	123	96
泰州	59 833	2559	2028	280	122
宿迁	31 850	1055	295	9	8
杭州	324 964	52 986	134 695	2875	643
萧山	74 836	2684	374	52	133

续表

高新区名称	年末从业人员/人	R&D人员折合全时当量/人年	高技术服务业从业人员/人	留学归国人员/人	外籍常住人员/人
宁波	199 230	16 754	19 522	563	1242
温州	84 208	5148	1793	506	40
嘉兴	57 142	4297	3814	108	189
湖州莫干山	43 918	2054	673	61	33
绍兴	126 870	1231	1684	29	11
衢州	59 781	3146	639	44	71
合肥	242 346	33 515	61 491	7674	2094
芜湖	97 509	9772	3209	112	106
蚌埠	63 952	6868	3785	62	43
马鞍山	38 114	2888	2237	21	11
铜陵狮子山	11 546	806	353	3	1
福州	70 613	8320	20 535	169	130
厦门	212 981	28 202	50 624	757	1196
莆田	52 370	1540	0	202	256
三明	21 674	802	14	11	7
泉州	81 471	3059	1321	64	127
漳州	99 155	3043	534	46	138
龙岩	34 416	1793	268	8	6
南昌	134 609	14 419	17 723	1015	238
景德镇	69 714	3896	4404	213	163
新余	63 434	3800	216	446	188
鹰潭	26 527	1139	162	141	95
赣州	18 095	438	203	131	53
吉安	39 694	1156	0	24	20
抚州	40 207	3102	1190	38	18

续表

高新区名称	年末从业人员/人	R&D 人员折合全时当量/人年	高技术服务业从业人员/人	留学归国人员/人	外籍常住人员/人
济南	283 586	28 125	79 046	841	443
青岛	139 269	16 803	13 550	540	169
淄博	114 014	10 339	7934	187	58
枣庄	32 470	338	272	11	20
黄河三角洲	5017	7	30	0	1
烟台	60 777	2158	2261	111	118
潍坊	159 543	10 831	11 203	593	109
济宁	176 795	6501	3941	159	116
泰安	52 460	5044	2465	29	23
威海	122 594	11 084	4034	966	747
莱芜	14 422	623	24	17	30
临沂	51 244	1053	412	27	3
德州	23 659	460	52	5	2
郑州	231 093	16 518	43 810	1638	564
洛阳	175 557	22 225	15 777	255	18
平顶山	15 907	1136	168	34	8
安阳	66 276	1844	1317	182	19
新乡	64 886	3738	563	62	35
焦作	42 291	542	982	117	2
南阳	45 529	3281	4229	32	4
武汉	554 692	83 072	126 599	4073	3916
宜昌	111 796	8581	1877	67	162
襄阳	176 338	18 419	2575	325	2390
荆门	113 255	6440	641	189	23
孝感	82 841	3428	2499	77	34

续表

高新区名称	年末从业人员/人	R&D 人员折合全时当量/人年	高技术服务业从业人员/人	留学归国人员/人	外籍常住人员/人
黄冈	33 665	1246	278	25	7
咸宁	66 257	1617	102	859	108
随州	52 839	770	52	62	6
仙桃	84 042	707	777	18	53
长沙	364 189	45 045	36 777	1627	749
株洲	157 469	13 618	3430	375	144
湘潭	84 157	8505	873	229	86
衡阳	54 654	2153	900	67	73
常德	35 430	1496	178	14	28
益阳	44 923	2206	639	454	172
郴州	17 668	358	141	12	13
广州	541 788	82 041	201 312	3096	1294
深圳	486 875	84 897	171 394	6083	1811
珠海	235 475	34 636	23 731	429	490
汕头	71 265	2756	3971	28	13
佛山	296 429	25 620	8087	1772	844
江门	87 339	5380	322	86	125
肇庆	55 080	3457	303	45	161
惠州	201 722	15 743	1899	143	633
源城	48 672	2869	552	7	55
清远	67 931	1883	5987	23	154
东莞	89 971	11 844	7468	227	197
中山	144 903	8957	3445	190	1044
南宁	214 349	10 092	41 489	238	190
柳州	108 068	9751	2664	192	29

续表

高新区名称	年末从业人员/人	R&D 人员折合全时当量/人年	高技术服务业从业人员/人	留学归国人员/人	外籍常住人员/人
桂林	133 257	2339	6209	193	26
北海	31 534	1084	1682	20	74
海口	42 809	1470	522	77	42
重庆	221 521	14 616	30 696	987	579
璧山	62 783	2451	25	78	117
成都	384 683	36 641	104 768	2318	1402
自贡	33 765	2242	544	23	48
攀枝花	15 015	309	34	3	0
泸州	50 046	1051	729	12	24
德阳	31 233	833	55	11	2
绵阳	117 531	15 195	1796	84	27
内江	12 169	120	0	1	0
乐山	49 433	1202	328	22	11
贵阳	259 977	9566	40 191	231	72
安顺	23 142	842	139	6	0
昆明	71 530	4306	5146	179	25
玉溪	22 079	616	463	45	3
西安	450 982	57 487	128 366	5080	4813
宝鸡	157 973	9924	888	196	46
杨凌	29 289	192	496	33	20
咸阳	22 341	1271	87	38	12
渭南	24 406	457	13	18	2
榆林	20 515	41	289	111	46
安康	23 808	66	3244	10	10
兰州	149 322	3589	17 643	611	29

续表

高新区名称	年末从业人员/人	R&D 人员折合全时当量/人年	高技术服务业从业人员/人	留学归国人员/人	外籍常住人员/人
白银	60 054	674	375	8	0
青海	14 450	141	233	15	9
银川	9930	186	0	9	3
石嘴山	13 290	914	0	2	6
乌鲁木齐	181 335	1036	10 301	263	259
昌吉	13 021	120	162	52	173
石河子	17 966	437	59	2	0

表3-12　2018年国家高新区企业人员指标

高新区名称	年末从业人员/人	R&D 人员折合全时当量/人年	高技术服务业从业人员/人	留学归国人员/人	外籍常住人员/人
中关村	2 720 575	166 350	1 341 877	39 752	5472
天津	266 048	25 158	63 593	915	588
石家庄	146 091	13 896	36 988	586	108
唐山	16 634	730	3306	54	54
保定	116 880	11 069	9781	83	410
承德	14 551	213	3917	15	1
燕郊	29 240	623	2469	110	154
太原	145 608	5030	38 301	237	15
长治	41 563	2191	547	24	7
呼和浩特	59 710	254	149	159	4
包头	97 801	6933	9129	197	43
鄂尔多斯	9664	385	394	19	13
沈阳	108 270	7860	36 464	594	90

续表

高新区名称	年末从业人员/人	R&D人员折合全时当量/人年	高技术服务业从业人员/人	留学归国人员/人	外籍常住人员/人
大连	181 350	15 309	87 349	4242	1041
鞍山	38 797	3395	2393	289	44
本溪	7599	535	311	23	5
锦州	22 110	1200	224	18	14
营口	21 870	1556	203	30	14
阜新	17 321	452	49	4	1
辽阳	39 025	1915	33	28	2
长春	183 109	9048	12 377	1871	905
长春净月	112 918	2539	17 083	886	231
吉林	70 123	902	1783	21	0
通化	12 088	725	22	9	29
延吉	10 840	9	1839	17	66
哈尔滨	96 721	3785	22 071	147	14
齐齐哈尔	20 100	1570	202	3	0
大庆	67 835	1249	6156	30	179
上海张江	1 143 450	94 527	421 677	29 073	7267
上海紫竹	29 016	3755	16 882	892	528
南京	319 418	45 893	64 958	1990	582
无锡	270 010	14 203	23 640	1740	2121
江阴	87 793	8185	1953	410	266
徐州	52 871	1943	1437	88	23
常州	193 506	20 344	17 372	2091	1770
武进	133 505	7896	4405	410	353
苏州	239 799	20 549	18 553	765	1669
昆山	182 504	12 239	8502	373	1107

续表

高新区名称	年末从业人员/人	R&D 人员折合全时当量/人年	高技术服务业从业人员/人	留学归国人员/人	外籍常住人员/人
苏州工业园	291 027	61 660	62 689	9509	10 030
常熟	73 721	4080	1466	214	694
南通	99 907	3513	1358	420	97
连云港	54 691	3530	1077	221	44
淮安	23 370	1089	186	18	196
盐城	53 414	1598	443	179	219
扬州	36 309	3454	822	267	61
镇江	56 094	1915	3484	121	43
泰州	89 793	1654	2523	308	136
宿迁	31 292	1411	334	11	11
杭州	370 393	67 695	152 931	3481	697
萧山	74 361	2401	391	51	136
宁波	236 264	22 950	20 035	1335	1374
温州	101 616	5599	2058	621	49
嘉兴	60 675	3589	3652	84	231
湖州莫干山	49 015	4389	984	65	94
绍兴	57 908	2992	1715	54	27
衢州	66 338	3023	840	41	36
合肥	263 946	26 552	68 701	9167	2725
芜湖	92 109	6532	3321	106	93
蚌埠	65 533	6205	4264	72	35
淮南	5738	344	1568	0	0
马鞍山	38 503	3794	1832	29	13
铜陵狮子山	10 562	729	270	10	0
福州	97 566	13 319	28 796	332	277

续表

高新区名称	年末从业人员/人	R&D人员折合全时当量/人年	高技术服务业从业人员/人	留学归国人员/人	外籍常住人员/人
厦门	232 397	28 197	56 975	915	1288
莆田	47 673	857	0	169	258
三明	22 705	893	66	15	6
泉州	85 057	2451	1142	72	145
漳州	94 722	3209	615	41	93
龙岩	31 873	1419	172	5	5
南昌	139 396	17 235	15 943	1627	247
景德镇	70 927	3260	4117	238	67
九江共青城	18 977	240	390	3	2
新余	66 579	2630	300	450	204
鹰潭	25 814	1171	155	200	96
赣州	16 012	676	264	120	62
吉安	35 744	1521	10	39	35
宜春丰城	27 747	1639	366	10	15
抚州	40 347	3344	1068	40	18
济南	296 108	33 090	83 875	836	371
青岛	155 663	14 812	16 807	713	164
淄博	118 134	6973	7904	159	44
枣庄	29 381	835	662	24	22
黄河三角洲	3593	2	20	0	0
烟台	55 984	1431	2978	123	118
潍坊	153 258	10 460	7476	686	85
济宁	166 898	4342	2631	192	132
泰安	55 036	2534	2593	32	9
威海	124 226	7337	4991	801	760

续表

高新区名称	年末从业人员/人	R&D人员折合全时当量/人年	高技术服务业从业人员/人	留学归国人员/人	外籍常住人员/人
莱芜	14 113	390	60	21	35
临沂	51 466	1315	1367	37	19
德州	18 980	492	36	9	20
郑州	222 132	9662	48 989	554	101
洛阳	163 710	25 286	11 528	313	9
平顶山	27 737	1524	970	58	9
安阳	67 406	3320	1872	188	43
新乡	52 611	3076	847	67	40
焦作	43 154	585	855	364	33
南阳	44 389	3202	3475	28	0
武汉	565 641	113 072	145 996	5466	4584
黄石大冶湖	109 380	13 133	710	27	17
宜昌	125 024	11 460	3057	104	130
襄阳	185 189	22 181	3303	339	2453
荆门	117 554	6832	1107	195	44
孝感	100 751	4548	2754	94	59
荆州	10 569	171	0	6	1
黄冈	49 390	2024	263	25	108
咸宁	67 032	3427	497	826	171
随州	50 891	577	0	44	2
仙桃	77 408	1486	846	18	51
潜江	11 110	145	0	8	3
长沙	342 171	34 006	42 696	1942	831
株洲	166 617	15 962	3919	358	128
湘潭	97 030	4545	1055	171	23

续表

高新区名称	年末从业人员/人	R&D 人员折合全时当量/人年	高技术服务业从业人员/人	留学归国人员/人	外籍常住人员/人
衡阳	58 501	2163	2089	84	74
常德	42 402	1104	466	14	3
益阳	47 040	2401	1038	485	182
郴州	20 510	361	258	13	25
怀化	12 327	278	527	6	5
广州	669 540	77 872	236 232	3114	1747
深圳	762 455	139 979	223 736	10 677	2441
珠海	243 227	30 527	22 158	534	512
汕头	37 718	2175	4346	40	15
佛山	351 983	24 960	8631	1038	756
江门	105 228	6353	602	93	164
湛江	24 573	1098	81	31	16
茂名	19 356	1473	990	63	5
肇庆	55 462	2267	395	44	65
惠州	192 560	13 998	1996	256	612
源城	49 524	967	704	33	63
清远	68 956	2356	7420	66	149
东莞	107 974	12 808	10 369	189	178
中山	152 007	6516	6453	193	988
南宁	193 957	7638	41 966	239	128
柳州	113 574	8603	3518	170	37
桂林	136 130	2964	6903	192	116
北海	41 255	1330	2301	21	77
海口	40 355	1323	734	56	32
重庆	233 492	14 710	31 963	724	496

续表

高新区名称	年末从业人员/人	R&D人员折合全时当量/人年	高技术服务业从业人员/人	留学归国人员/人	外籍常住人员/人
璧山	60 784	2824	9	105	153
荣昌	28 786	1026	0	5	8
永川	71 533	2150	4668	20	54
成都	396 449	43 915	123 992	3140	1004
自贡	38 268	2308	795	38	54
攀枝花	17 721	190	94	4	0
泸州	51 366	1112	1015	18	49
德阳	32 563	983	74	12	3
绵阳	117 834	10 119	1905	71	83
内江	16 856	614	352	58	80
乐山	49 810	1147	386	80	26
贵阳	231 302	7342	42 125	202	92
安顺	25 496	1094	104	6	0
昆明	77 225	2646	10 287	117	17
玉溪	25 700	641	621	46	4
楚雄	9604	420	19	5	0
西安	529 887	107 159	182 519	5883	5767
宝鸡	163 958	10 806	2226	220	48
杨凌	28 098	322	339	36	29
咸阳	25 919	868	69	43	16
渭南	22 655	581	118	13	4
榆林	34 351	564	3432	129	63
安康	25 613	105	3426	17	11
兰州	127 797	1851	19 339	507	21
白银	59 475	704	365	12	6

续表

高新区名称	年末从业人员/人	R&D人员折合全时当量/人年	高技术服务业从业人员/人	留学归国人员/人	外籍常住人员/人
青海	11 793	114	266	15	3
银川	10 738	352	241	6	16
石嘴山	13 512	934	0	3	1
乌鲁木齐	178 146	685	11 637	197	173
昌吉	12 286	476	171	53	161
石河子	17 900	378	53	2	0

3.科技指标

见表3-13至表3-16。

表3-13　2015年国家高新区企业科技指标

高新区名称	R&D经费内部支出/万元	技术合同成交总额/万元	开展产学研合作科技活动费用支出/万元	拥有重要知识产权数量及各类标准数/件	拥有欧美日专利数及境外注册商标数量/件
中关村	5 956 100	10 795 913	697 075	266 188	12 726
天津	1 188 206	2 743 059	36 998	35 565	1373
石家庄	531 679	37 918	28 841	8071	286
唐山	15 859	2337	3420	2107	19
保定	269 078	509	3181	10 471	2254
承德	13 260	0	780	427	15
燕郊	20 322	4801	2668	538	9
太原	263 882	5162	19 537	5383	3
长治	31 507	4022	2446	989	0
呼和浩特	69 578	0	3700	5571	3
包头	187 059	62	1963	2407	70

续表

高新区名称	R&D经费内部支出/万元	技术合同成交总额/万元	开展产学研合作科技活动费用支出/万元	拥有重要知识产权数量及各类标准数/件	拥有欧美日专利数及境外注册商标数量/件
沈阳	94 059	104 736	15 949	4878	296
大连	342 777	164 915	18 057	14 695	320
鞍山	513 919	85 009	6430	2278	30
本溪	31 475	1284	896	411	9
锦州	24 184	0	2445	563	13
营口	21 504	0	1555	235	2
阜新	28 127	8110	305	416	0
辽阳	97 231	20 014	1843	360	49
长春	236 450	34 344	23 760	6572	716
长春净月	219 362	200 060	4290	3052	32
吉林	67 462	537	574	1140	13
通化	24 001	35	6886	1149	35
延吉	1150	0	2540	295	2
哈尔滨	423 944	33 079	24 855	10 014	95
齐齐哈尔	22 791	1904	1056	1008	59
大庆	451 372	4871	1472	1413	20
上海张江	4 340 062	1 069 731	271 649	119 494	4172
上海紫竹	181 522	70 172	19 070	1572	8
南京	651 408	115 498	98 694	26 814	539
无锡	507 952	436 851	8310	17 667	296
江阴	232 597	1454	1549	4467	20
徐州	45 387	50	77	2264	4
常州	286 314	38 182	13 213	15 081	307
武进	180 885	12 814	3406	6353	158
苏州	490 989	76 150	12 020	17 117	365

续表

高新区名称	R&D经费内部支出/万元	技术合同成交总额/万元	开展产学研合作科技活动费用支出/万元	拥有重要知识产权数量及各类标准数/件	拥有欧美日专利数及境外注册商标数量/件
昆山	186 255	2858	2638	16 705	78
苏州工业园	1 363 908	398 615	16 464	37 338	1578
常熟	56 205	1544	1389	2825	176
南通	404 803	1497	3740	8476	70
连云港	135 124	2109	10 505	2457	88
盐城	26 989	56	2288	3215	18
扬州	43 667	100	541	2588	20
镇江	13 360	0	1352	424	5
泰州	72 712	6248	2507	1925	49
杭州	1 558 437	241 227	53 743	44 510	2929
萧山	73 676	350	1914	1691	10
宁波	303 793	4861	12 436	14 130	548
温州	53 789	760	339	2911	42
嘉兴	90 258	3323	1909	2654	117
湖州莫干山	36 630	703	942	2685	71
绍兴	36 814	2561	335	1404	73
衢州	105 501	2689	3910	2712	21
合肥	1 097 932	884 812	59 174	38 708	1456
芜湖	199 914	16 320	20 226	9026	75
蚌埠	192 039	7723	1912	4370	163
马鞍山	128 235	5043	3184	3936	3
福州	146 813	77 811	5771	7547	145
厦门	462 032	119 158	8141	15 588	308
莆田	24 062	1631	7060	978	2
三明	9201	0	180	469	4

续表

高新区名称	R&D 经费内部支出/万元	技术合同成交总额/万元	开展产学研合作科技活动费用支出/万元	拥有重要知识产权数量及各类标准数/件	拥有欧美日专利数及境外注册商标数量/件
泉州	68 420	732	1731	5500	203
漳州	50 732	75	1289	2870	83
龙岩	51 873	0	615	963	115
南昌	359 338	170 011	12 650	8030	49
景德镇	117 597	19 859	14 902	1555	7
新余	22 043	11 104	159	597	3
鹰潭	25 186	238	10 627	1407	1
赣州	5056	330	511	217	0
吉安	19 259	0	60	160	0
抚州	70 297	350	580	1094	0
济南	651 307	53 428	24 327	23 877	526
青岛	793 728	183 346	82 323	20 815	2948
淄博	295 668	22 172	8631	9130	746
枣庄	2774	0	278	536	0
黄河三角洲	70	0	50	6	0
烟台	52 609	19 708	5333	2400	152
潍坊	349 417	71 207	19 634	10 559	458
济宁	259 273	7483	10 829	5275	218
泰安	78 298	25 181	1208	2886	4
威海	221 295	153 788	11 185	7464	391
莱芜	8912	0	327	555	2
临沂	117 993	1530	1335	510	32
德州	21 226	3900	922	595	1
郑州	749 815	713 722	56 499	18 811	2170
洛阳	501 968	415 013	2728	10 136	144

续表

高新区名称	R&D 经费内部支出/万元	技术合同成交总额/万元	开展产学研合作科技活动费用支出/万元	拥有重要知识产权数量及各类标准数/件	拥有欧美日专利数及境外注册商标数量/件
平顶山	22 064	0	114	235	0
安阳	37 529	99	799	740	1
新乡	108 521	589	3470	2488	21
焦作	30 772	0	8309	517	5
南阳	39 191	187	1586	1482	12
武汉	2 300 911	845 858	43 852	52 925	837
宜昌	350 521	18 184	12 744	5351	618
襄阳	656 895	121 441	13 863	4907	36
荆门	153 011	39 360	4519	1839	11
孝感	119 179	10 970	1702	1641	2
随州	21 328	2948	1466	933	0
仙桃	13 164	121	399	450	2
长沙	905 975	160 037	16 870	28 735	1708
株洲	638 390	44 594	33 508	11 560	118
湘潭	100 946	1524	4829	2702	84
衡阳	69 277	35 895	752	1116	16
益阳	62 442	47 378	2008	1062	21
郴州	25 360	966	806	563	5
广州	1 550 469	645 125	41 041	53 272	1200
深圳	1 830 048	242 073	87 613	102 667	2347
珠海	801 787	202 642	9194	37 315	7359
佛山	610 594	52 212	5926	21 765	899
江门	107 572	8536	1089	4232	243
肇庆	57 558	659	1058	2029	32
惠州	179 553	4147	19 104	6472	283

续表

高新区名称	R&D经费内部支出/万元	技术合同成交总额/万元	开展产学研合作科技活动费用支出/万元	拥有重要知识产权数量及各类标准数/件	拥有欧美日专利数及境外注册商标数量/件
源城	6515	598	232	691	7
清远	30 540	10	230	951	25
东莞	331 612	2113	253 158	8397	200
中山	274 278	54 024	12 603	4450	123
南宁	293 062	10 315	1872	8201	9
柳州	320 433	7919	27 079	6407	59
桂林	52 904	275	3775	3421	152
北海	12 393	17 349	130	791	4
海口	57 880	5919	29 084	4061	32
重庆	423 889	801 010	19 039	19 196	634
璧山	21 194	0	332	542	3
成都	1 007 260	461 309	72 815	33 614	609
自贡	34 051	23 134	1036	1594	43
攀枝花	16 238	0	1460	267	3
泸州	20 438	2694	2844	2733	13
德阳	7667	88	1249	867	8
绵阳	242 074	4932	4465	7079	39
乐山	23 101	300	985	1557	8
贵阳	311 988	76 819	22 954	11 874	126
昆明	190 449	20 165	7701	6413	291
玉溪	9568	1306	2429	3927	1489
西安	1 805 606	2 897 739	210 804	69 472	857
宝鸡	194 389	87 128	7656	4383	49
杨凌	19 732	858	866	279	0
咸阳	25 338	13 639	3890	868	0

续表

高新区名称	R&D 经费内部支出/万元	技术合同成交总额/万元	开展产学研合作科技活动费用支出/万元	拥有重要知识产权数量及各类标准数/件	拥有欧美日专利数及境外注册商标数量/件
渭南	21 221	1856	9474	1171	51
榆林	586	0	204	24	0
安康	17 440	8140	0	616	0
兰州	32 828	28 932	11 229	2533	8
白银	21 692	1633	4238	839	2
青海	3880	220	776	397	5
银川	9526	0	529	346	3
石嘴山	26 986	246	181	507	30
乌鲁木齐	43 991	9136	2696	2856	38
昌吉	45 482	500	395	1325	291
石河子	50 710	0	57	138	0

表3-14　2016年国家高新区企业科技指标

高新区名称	R&D 经费内部支出/万元	技术合同成交总额/万元	开展产学研合作科技活动费用支出/万元	拥有重要知识产权数量及各类标准数/件	拥有欧美日专利数及境外注册商标数量/件
中关村	5 745 618	13 165 449	1 335 807	334 283	14 010
天津	1 628 625	2 774 312	111 587	42 057	922
石家庄	548 920	30 475	29 390	10 128	311
唐山	11 919	1017	1684	2786	18
保定	422 909	419	28 658	12 623	2238
承德	8621	5	764	500	15
燕郊	33 326	4809	3022	946	12
太原	231 309	11 188	101 298	7406	3

续表

高新区名称	R&D经费内部支出/万元	技术合同成交总额/万元	开展产学研合作科技活动费用支出/万元	拥有重要知识产权数量及各类标准数/件	拥有欧美日专利数及境外注册商标数量/件
长治	26 492	15	2023	1232	0
呼和浩特	92 075	70	3550	5156	21
包头	169 507	2170	474	2932	17
沈阳	110 591	23 435	24 185	6867	274
大连	425 602	240 013	11 961	16 085	343
鞍山	210 859	63 815	2340	2274	18
本溪	7559	945	1765	469	1
锦州	24 048	953	4197	643	13
营口	40 282	71	492	552	2
阜新	11 242	950	42	321	0
辽阳	28 969	11 169	793	732	0
长春	759 704	319 434	65 276	8527	833
长春净月	461 294	209 156	39 377	3272	14
吉林	64 122	643	628	1219	12
通化	25 031	625	8492	1240	0
延吉	403	0	2361	301	8
哈尔滨	203 516	41 469	39 147	5879	6
齐齐哈尔	20 453	2794	1938	1188	57
大庆	363 198	5097	1835	1464	22
上海张江	4 700 552	1 678 814	495 035	153 635	4379
上海紫竹	114 468	54 963	9058	2281	17
南京	945 098	218 873	132 340	37 044	625
无锡	625 488	368 059	15 348	18 481	385
江阴	304 819	4323	2755	4862	27
徐州	117 148	50	1204	3174	8

续表

高新区名称	R&D 经费内部支出/万元	技术合同成交总额/万元	开展产学研合作科技活动费用支出/万元	拥有重要知识产权数量及各类标准数/件	拥有欧美日专利数及境外注册商标数量/件
常州	573 697	42 007	22 713	18 082	435
武进	230 653	20 209	5165	8145	172
苏州	579 438	114 199	21 207	21 492	411
昆山	234 728	49 124	10 502	15 473	824
苏州工业园	1 647 854	495 946	59 442	50 674	1817
常熟	152 863	7000	3169	4053	175
南通	516 331	2323	4727	10 083	109
连云港	146 266	951	29 707	3265	89
盐城	78 710	528	11 127	3725	55
扬州	60 621	1534	1697	3979	29
镇江	83 940	4512	5714	5742	43
泰州	100 065	2608	5614	2133	60
杭州	2 083 110	341 682	108 104	57 198	3210
萧山	72 930	636	536	2412	12
宁波	432 489	14 048	26 992	15 598	482
温州	99 044	383	2046	6159	110
嘉兴	116 148	12 263	5121	3774	182
湖州莫干山	66 307	1707	2731	3302	84
绍兴	74 560	4484	8099	5710	330
衢州	93 076	6783	6932	4219	51
合肥	988 060	1 077 674	126 222	43 172	1557
芜湖	350 652	8360	30 183	11 003	83
蚌埠	177 255	18 396	11 607	6085	180
马鞍山	154 292	1958	2930	4917	3
福州	215 215	71 893	8332	9912	208

续表

高新区名称	R&D经费内部支出/万元	技术合同成交总额/万元	开展产学研合作科技活动费用支出/万元	拥有重要知识产权数量及各类标准数/件	拥有欧美日专利数及境外注册商标数量/件
厦门	646 240	178 655	45 404	24 010	654
莆田	58 501	1843	7560	1769	5
三明	12 134	0	235	584	7
泉州	91 626	752	1371	7213	161
漳州	71 936	180	4674	4461	113
龙岩	52 597	651	367	1208	113
南昌	476 169	178 343	21 221	10 611	68
景德镇	175 279	59 403	17 644	2343	22
新余	51 935	26 192	325	948	7
鹰潭	52 452	0	1877	1575	2
赣州	18 755	180	269	504	0
吉安	29 026	4380	68	253	0
抚州	88 926	2614	4301	1640	2
济南	883 343	114 815	53 602	28 465	3190
青岛	894 021	227 395	131 010	26 369	3086
淄博	283 908	26 927	8010	10 205	778
枣庄	6634	188	255	465	1
黄河三角洲	4184	0	116	29	0
烟台	62 042	11 173	5231	3010	151
潍坊	341 585	74 569	31 585	12 908	803
济宁	259 581	2738	7657	4903	195
泰安	84 781	32 224	868	3129	5
威海	213 219	182 210	15 065	8601	500
莱芜	13 894	0	285	591	0
临沂	132 246	786	490	848	33

续表

高新区名称	R&D经费内部支出/万元	技术合同成交总额/万元	开展产学研合作科技活动费用支出/万元	拥有重要知识产权数量及各类标准数/件	拥有欧美日专利数及境外注册商标数量/件
德州	29 044	1850	1114	984	2
郑州	627 343	697 257	28 503	25 652	997
洛阳	408 663	46 641	4765	13 031	144
平顶山	23 115	0	65	288	0
安阳	46 190	105	1116	944	1
新乡	163 788	1269	4540	2906	25
焦作	20 764	0	120	618	5
南阳	48 183	191	1772	1522	12
武汉	2 498 038	1 093 803	116 609	63 968	1625
宜昌	401 215	5950	11 254	6389	653
襄阳	753 867	126 107	20 932	6060	39
荆门	222 141	56 832	11 134	2692	26
孝感	131 136	32 118	2828	2267	2
随州	21 733	2029	988	1732	0
仙桃	24 246	1167	357	785	2
长沙	1 039 019	229 454	40 324	36 703	1986
株洲	467 865	32 985	49 761	11 686	122
湘潭	205 141	1365	5174	2913	86
衡阳	62 129	38 636	5008	1613	22
益阳	113 368	49 368	2608	1658	23
郴州	22 857	741	415	597	5
广州	2 172 630	590 784	124 080	79 889	1352
深圳	2 915 798	373 257	99 137	129 501	9911
珠海	978 297	188 045	16 286	40 036	3768
佛山	793 232	73 290	8418	31 379	1441

续表

高新区名称	R&D经费内部支出/万元	技术合同成交总额/万元	开展产学研合作科技活动费用支出/万元	拥有重要知识产权数量及各类标准数/件	拥有欧美日专利数及境外注册商标数量/件
江门	121 104	11 279	13 213	5745	318
肇庆	86 153	1380	224	2294	62
惠州	408 344	12 626	15 680	9593	357
源城	16 178	633	571	1142	7
清远	37 542	94	5619	1477	29
东莞	513 576	5436	574 403	10 845	266
中山	368 772	107 255	3305	10 196	415
南宁	344 857	12 545	6174	9998	9
柳州	373 520	10 486	39 985	7768	214
桂林	79 219	949	5493	5344	202
北海	8501	18 979	5602	962	5
海口	42 995	6003	29 664	4523	39
重庆	484 298	572 551	21 880	22 716	657
璧山	63 425	0	4165	1681	4
成都	1 250 709	354 204	124 821	47 331	895
自贡	27 255	15 218	2371	2039	35
攀枝花	16 556	0	621	295	4
泸州	22 648	3880	3314	3119	1
德阳	7166	30	1407	870	2
绵阳	309 954	12 105	31 752	9957	168
乐山	33 861	584	410	1927	10
贵阳	307 844	51 870	33 432	12 590	93
昆明	159 080	27 361	12 437	7328	284
玉溪	16 591	971	457	4331	1529
西安	2 531 289	3 245 989	247 462	81 251	1022

续表

高新区名称	R&D 经费内部支出/万元	技术合同成交总额/万元	开展产学研合作科技活动费用支出/万元	拥有重要知识产权数量及各类标准数/件	拥有欧美日专利数及境外注册商标数量/件
宝鸡	315 802	91 789	13 428	5328	71
杨凌	20 393	900	557	427	0
咸阳	18 151	7134	1019	1315	1
渭南	21 438	2430	10 084	1338	1
榆林	938	15	119	71	0
安康	14 288	9140	2300	589	0
兰州	214 744	114 428	12 933	4287	17
白银	20 184	2073	5095	1481	2
青海	6374	0	1105	895	7
银川	7351	0	180	405	5
石嘴山	25 881	65	217	562	24
乌鲁木齐	53 679	6116	2560	3911	6
昌吉	40 962	450	251	1536	5
石河子	48 184	0	117	166	0

表3-15　2017年国家高新区企业科技指标

高新区名称	R&D 经费内部支出/万元	技术合同成交总额/万元	开展产学研合作科技活动费用支出/万元	拥有重要知识产权数量及各类标准数/件	拥有欧美日专利数及境外注册商标数量/件
中关村	7 674 453	20 219 645	1 874 879	435 647	15 831
天津	755 076	764 621	124 129	43 392	726
石家庄	499 528	39 795	47 191	11 708	359
唐山	22 723	1217	3406	3355	6
保定	291 492	587	31 671	14 981	2333

续表

高新区名称	R&D 经费内部支出 / 万元	技术合同成交总额 / 万元	开展产学研合作科技活动费用支出 / 万元	拥有重要知识产权数量及各类标准数 / 件	拥有欧美日专利数及境外注册商标数量 / 件
承德	5659	13	384	591	15
燕郊	40 480	6863	3217	1222	12
太原	268 686	7121	21 735	9696	5
长治	91 241	2117	1993	828	0
呼和浩特	84 842	10	3451	6579	176
包头	183 563	3916	12 235	4388	23
鄂尔多斯	23 615	577	123	1137	121
沈阳	227 391	217 273	21 650	10 314	722
大连	484 159	257 680	22 783	25 208	344
鞍山	216 011	76 590	2332	3046	24
本溪	9684	10 788	3774	603	1
锦州	48 236	742	2435	876	13
营口	38 295	2326	6184	1261	8
阜新	12 525	5218	110	421	5
辽阳	58 808	477	660	692	0
长春	658 407	538 396	83 782	11 539	1096
长春净月	198 311	181 888	4456	3016	13
吉林	68 255	1159	1400	1250	10
通化	16 974	300	7181	540	0
延吉	300	0	3919	347	8
哈尔滨	179 678	43 316	8625	7257	76
齐齐哈尔	12 606	21	1587	1545	57
大庆	318 297	6996	2255	2035	22
上海张江	4 717 565	1 927 208	633 825	213 121	6272
上海紫竹	247 531	40 492	17 374	3599	39

续表

高新区名称	R&D 经费内部支出/万元	技术合同成交总额/万元	开展产学研合作科技活动费用支出/万元	拥有重要知识产权数量及各类标准数/件	拥有欧美日专利数及境外注册商标数量/件
南京	1 366 176	1 002 787	175 850	46 288	704
无锡	819 715	384 800	20 394	22 753	412
江阴	385 683	5707	4827	5252	77
徐州	126 345	4650	1863	7190	33
常州	469 759	157 927	26 370	20 518	515
武进	245 680	24 420	8040	10 131	192
苏州	626 666	365 024	22 730	23 675	614
昆山	328 019	42 505	12 152	19 426	978
苏州工业园	1 799 214	612 633	103 588	57 859	1079
常熟	163 472	3583	3183	4859	166
南通	275 975	2798	6795	10 645	125
连云港	207 057	2373	30 168	4595	87
淮安	26 488	12	601	1040	9
盐城	86 299	893	13 420	4577	73
扬州	97 311	28 784	8293	5159	48
镇江	83 551	6262	7957	6951	50
泰州	129 886	6892	14 879	3475	95
宿迁	41 828	110	922	1389	31
杭州	2 417 546	387 498	638 072	70 821	4294
萧山	102 203	658	1363	2654	11
宁波	559 793	34 559	20 764	20 240	613
温州	100 390	22 488	2005	7260	137
嘉兴	118 092	3659	3135	5151	200
湖州莫干山	76 831	2197	7298	4192	101
绍兴	32 362	2924	1490	3703	145

续表

高新区名称	R&D 经费内部支出／万元	技术合同成交总额／万元	开展产学研合作科技活动费用支出／万元	拥有重要知识产权数量及各类标准数／件	拥有欧美日专利数及境外注册商标数量／件
衢州	104 693	6308	5388	4713	49
合肥	1 422 336	1 557 837	181 968	62 539	2231
芜湖	399 802	33 604	46 367	18 874	114
蚌埠	186 935	218 577	4725	5729	202
马鞍山	149 441	2478	2595	5996	9
铜陵狮子山	25 838	0	196	1035	0
福州	218 944	49 747	15 138	13 077	294
厦门	815 456	250 384	56 252	36 024	1229
莆田	68 915	1976	4441	2069	9
三明	18 620	208	549	1227	4
泉州	83 889	1059	2541	10 076	341
漳州	67 735	4145	3485	5075	142
龙岩	54 748	600	5454	1643	135
南昌	585 383	209 808	25 124	13 242	120
景德镇	157 528	55 456	1858	2842	22
新余	130 201	68 561	1619	1289	13
鹰潭	62 211	12 973	2594	2118	2
赣州	24 821	300	884	1150	0
吉安	34 904	4800	254	474	0
抚州	130 557	5123	5147	2298	4
济南	930 718	1 009 623	61 345	34 442	3171
青岛	915 103	242 987	128 126	31 196	3262
淄博	301 928	27 135	10 306	10 488	844
枣庄	9076	3858	415	793	11
黄河三角洲	334	0	16	7	0

续表

高新区名称	R&D 经费内部支出/万元	技术合同成交总额/万元	开展产学研合作科技活动费用支出/万元	拥有重要知识产权数量及各类标准数/件	拥有欧美日专利数及境外注册商标数量/件
烟台	71 341	39 900	11 594	3567	163
潍坊	565 094	62 110	73 835	21 188	2483
济宁	250 590	3732	11 574	5857	202
泰安	142 386	81 100	2971	3687	6
威海	321 095	216 631	25 733	10 522	569
莱芜	19 879	594	582	665	0
临沂	42 272	132	792	1098	4
德州	24 139	815	347	1234	5
郑州	491 647	291 299	35 700	42 104	1027
洛阳	498 806	96 202	30 864	18 869	115
平顶山	43 348	892	8146	1254	2
安阳	37 599	162	1635	1187	2
新乡	183 286	11 350	6216	3764	32
焦作	27 516	29 561	2784	1323	21
南阳	54 213	2565	3251	1825	7
武汉	3 074 672	1 629 821	224 147	77 294	1969
宜昌	270 817	90 401	18 951	8357	921
襄阳	830 283	133 733	27 809	7907	47
荆门	278 222	259 645	19 074	4488	33
孝感	148 133	37 424	2117	2834	10
黄冈	44 437	2949	2486	3116	57
咸宁	90 208	171 083	2150	3110	6
随州	30 566	1942	1697	1933	0
仙桃	26 934	1730	1345	963	2
长沙	1 646 922	355 092	73 166	46 076	2370

续表

高新区名称	R&D经费内部支出/万元	技术合同成交总额/万元	开展产学研合作科技活动费用支出/万元	拥有重要知识产权数量及各类标准数/件	拥有欧美日专利数及境外注册商标数量/件
株洲	297 059	100 333	27 511	14 657	133
湘潭	420 656	162 478	60 851	6257	121
衡阳	113 811	30 716	3187	2871	28
常德	44 914	162	1897	1374	3
益阳	148 033	51 906	5962	2190	26
郴州	31 511	2263	1263	793	28
广州	2 620 405	966 751	207 911	126 418	1849
深圳	3 997 747	463 356	128 749	148 076	7225
珠海	1 095 493	310 444	11 699	57 595	7586
汕头	72 139	271	3099	5634	77
佛山	950 940	63 258	17 474	39 307	1514
江门	152 623	13 270	9239	8562	349
肇庆	76 415	4946	2769	2920	69
惠州	435 475	185 928	36 295	13 870	777
源城	44 311	8111	10 117	1993	18
清远	39 958	856	5155	2004	14
东莞	828 656	10 614	852 098	17 339	898
中山	266 190	134 206	9497	12 949	451
南宁	267 038	15 267	6044	12 411	16
柳州	425 814	16 773	56 712	8967	113
桂林	55 510	2901	8428	6184	339
北海	39 300	19 773	4934	1292	6
海口	38 094	2406	21 214	5429	104
重庆	750 552	304 616	52 032	26 906	669
璧山	89 734	12 664	30 937	2656	38
成都	1 181 143	711 352	130 433	64 316	1464

续表

高新区名称	R&D 经费内部支出/万元	技术合同成交总额/万元	开展产学研合作科技活动费用支出/万元	拥有重要知识产权数量及各类标准数/件	拥有欧美日专利数及境外注册商标数量/件
自贡	62 363	18 755	2836	2265	11
攀枝花	13 486	825	1300	313	0
泸州	53 457	4324	2909	3704	3
德阳	18 222	6805	1300	1304	7
绵阳	394 136	23 481	24 860	11 136	175
内江	5090	0	1413	684	1
乐山	48 556	102	2187	2221	15
贵阳	272 452	75 007	36 995	16 571	201
安顺	28 453	5890	2795	1410	14
昆明	159 956	20 919	20 214	7804	43
玉溪	19 650	1187	1120	4726	1487
西安	2 785 348	3 555 737	68 228	92 034	1207
宝鸡	380 330	125 481	28 595	6057	87
杨凌	15 709	5983	550	540	0
咸阳	30 444	8059	1513	1603	2
渭南	27 322	3064	3678	1567	0
榆林	9048	13 369	7435	247	4
安康	20 382	11 085	2667	703	1
兰州	188 486	87 599	13 616	6111	40
白银	16 922	8520	4255	1772	3
青海	2716	30	662	1319	8
银川	5267	0	75	584	4
石嘴山	26 024	0	270	443	21
乌鲁木齐	54 698	10 541	13 839	5571	11
昌吉	40 544	300	486	1620	3
石河子	20 750	0	133	255	0

表3-16　2018年国家高新区企业科技指标

高新区名称	R&D经费内部支出/万元	技术合同成交总额/万元	开展产学研合作科技活动费用支出/万元	拥有重要知识产权数量及各类标准数/件	拥有欧美日专利数及境外注册商标数量/件
中关村	9 125 452	17 619 168	1 971 669	570 050	30 161
天津	899 504	728 267	44 038	49 617	734
石家庄	613 276	136 450	24 787	16 123	472
唐山	16 340	2516	2970	4305	2
保定	455 287	108 154	36 638	18 092	2506
承德	3465	105	514	793	18
燕郊	20 198	7613	183	1584	8
太原	188 353	13 150	19 362	16 052	10
长治	45 508	145	1929	1019	0
呼和浩特	8230	11	21 970	7998	275
包头	188 532	3582	5256	6065	706
鄂尔多斯	18 459	718	472	2024	268
沈阳	241 345	437 394	10 692	14 708	738
大连	437 336	238 000	24 893	28 469	480
鞍山	232 449	83 297	2756	3866	34
本溪	8960	9391	3316	767	4
锦州	35 295	2298	5556	955	24
营口	55 374	6914	2766	1654	8
阜新	9556	1175	654	480	10
辽阳	52 930	150	607	754	0
长春	728 701	644 172	96 974	13 122	1135
长春净月	93 520	981 114	4846	4246	21
吉林	28 581	1177	1517	1329	10
通化	12 362	200	4139	580	0

续表

高新区名称	R&D经费内部支出/万元	技术合同成交总额/万元	开展产学研合作科技活动费用支出/万元	拥有重要知识产权数量及各类标准数/件	拥有欧美日专利数及境外注册商标数量/件
延吉	239	140	5270	371	9
哈尔滨	62 972	16 979	20 217	9950	94
齐齐哈尔	15 489	114	1147	1531	50
大庆	29 919	20 649	4080	3230	37
上海张江	4 814 654	3 197 003	830 948	262 229	8783
上海紫竹	200 072	52 561	31 554	5430	86
南京	1 662 272	993 477	164 655	59 356	1057
无锡	504 317	308 126	36 267	26 918	465
江阴	431 431	15 401	8576	7753	121
徐州	66 638	4489	2466	6762	51
常州	576 021	187 810	25 049	24 171	532
武进	226 493	28 642	12 738	14 569	206
苏州	530 981	501 774	45 162	28 489	561
昆山	359 319	59 738	10 880	24 120	1093
苏州工业园	2 125 558	932 026	60 779	68 502	1725
常熟	237 032	2582	4591	5975	243
南通	244 644	555	3984	6826	95
连云港	320 706	7597	3732	5413	125
淮安	38 406	28 632	2326	1424	12
盐城	50 736	1627	7971	5797	82
扬州	107 716	33 187	8846	6395	67
镇江	65 141	3798	4447	7338	57
泰州	68 071	12 106	11 587	4214	176
宿迁	50 281	27 440	594	1931	11
杭州	3 094 770	819 625	502 181	85 539	3106

续表

高新区名称	R&D经费内部支出/万元	技术合同成交总额/万元	开展产学研合作科技活动费用支出/万元	拥有重要知识产权数量及各类标准数/件	拥有欧美日专利数及境外注册商标数量/件
萧山	111 823	4080	3437	3294	13
宁波	817 003	131 566	52 983	38 830	1016
温州	162 935	31 090	5341	11 648	410
嘉兴	123 752	815	9614	6280	335
湖州莫干山	106 172	8504	4928	6281	167
绍兴	110 653	2959	7030	9239	162
衢州	142 878	6237	5125	6657	82
合肥	1 882 959	2 540 704	206 475	66 378	2010
芜湖	388 911	23 731	36 176	20 913	1676
蚌埠	178 173	27 732	6224	7364	198
淮南	5341	7545	245	456	0
马鞍山	233 806	3370	4205	7668	12
铜陵狮子山	33 834	0	110	1439	1
福州	333 953	49 053	24 900	19 589	352
厦门	865 699	307 618	63 327	51 046	1900
莆田	62 594	1604	4319	2665	6
三明	27 413	432	1001	1480	4
泉州	63 874	1315	3078	13 786	754
漳州	110 373	9140	7125	5749	130
龙岩	52 163	8	5476	2088	162
南昌	787 783	239 103	51 782	16 918	131
景德镇	199 666	45 630	28 748	3749	31
九江共青城	4498	70	0	479	0
新余	142 062	66 367	3994	1788	17
鹰潭	73 566	14 027	76	2449	2

续表

高新区名称	R&D 经费内部支出/万元	技术合同成交总额/万元	开展产学研合作科技活动费用支出/万元	拥有重要知识产权数量及各类标准数/件	拥有欧美日专利数及境外注册商标数量/件
赣州	18 968	2090	38	1534	1
吉安	45 692	5200	316	876	4
宜春丰城	45 878	0	965	817	2
抚州	134 275	11 343	5145	3075	7
济南	1 011 697	176 074	69 518	42 300	3279
青岛	792 410	301 477	128 604	40 738	3462
淄博	294 042	34 962	10 079	12 027	940
枣庄	16 365	7903	3127	1132	22
黄河三角洲	96	0	0	48	0
烟台	73 045	39 249	19 049	4570	234
潍坊	606 141	74 608	57 835	22 522	1951
济宁	206 528	17 402	16 950	6790	208
泰安	84 603	3265	2857	4371	20
威海	233 771	269 198	33 593	12 128	862
莱芜	12 426	600	50	711	1
临沂	48 918	2281	754	1706	6
德州	19 552	3348	188	1433	36
郑州	333 519	219 669	86 279	45 390	150
洛阳	635 073	152 013	11 963	21 675	296
平顶山	49 134	37 202	8895	1875	5
安阳	61 185	620	2498	1809	2
新乡	165 198	13 778	6422	4711	42
焦作	27 631	32 375	3750	1701	26
南阳	49 447	1082	1817	2045	14
武汉	3 564 433	1 968 331	392 820	99 182	2431

续表

高新区名称	R&D 经费内部支出／万元	技术合同成交总额／万元	开展产学研合作科技活动费用支出／万元	拥有重要知识产权数量及各类标准数／件	拥有欧美日专利数及境外注册商标数量／件
黄石大冶湖	72 944	27 599	12 373	3686	9
宜昌	441 986	109 170	11 447	10 077	927
襄阳	784 773	164 776	36 609	8188	90
荆门	275 327	198 460	19 923	8734	78
孝感	232 797	95 739	2148	3724	11
荆州	5871	15	157	701	0
黄冈	48 170	5111	5105	3807	21
咸宁	159 353	214 703	3871	3339	7
随州	14 282	2591	555	1711	2
仙桃	29 855	25 663	1533	1091	2
潜江	59 427	6060	388	268	2
长沙	1 265 284	536 747	51 893	53 241	2720
株洲	614 839	46 715	46 233	19 359	138
湘潭	217 617	33 818	24 725	4618	49
衡阳	130 891	35 081	2180	3041	27
常德	51 641	541	2127	1745	12
益阳	188 138	57 496	6706	2886	28
郴州	34 092	3862	556	1231	21
怀化	12 645	550	745	1080	0
广州	3 140 621	1 246 274	292 639	164 375	3176
深圳	8 345 330	740 408	270 431	308 008	50 605
珠海	1 142 080	349 071	120 078	76 950	8954
汕头	68 719	307	3820	6908	82
佛山	771 795	21 955	20 523	48 841	1103
江门	216 259	18 518	13 338	12 408	604

续表

高新区名称	R&D经费内部支出/万元	技术合同成交总额/万元	开展产学研合作科技活动费用支出/万元	拥有重要知识产权数量及各类标准数/件	拥有欧美日专利数及境外注册商标数量/件
湛江	131 430	2660	856	635	1
茂名	47 609	395	1558	2342	12
肇庆	91 541	7123	2373	3822	113
惠州	460 171	329 341	37 230	17 465	748
源城	23 147	9133	8963	2649	26
清远	68 440	3061	5799	3109	31
东莞	946 742	28 459	1 234 315	22 142	1907
中山	209 297	158 990	16 597	17 200	457
南宁	229 115	85 159	8569	16 124	142
柳州	364 859	16 973	31 761	11 628	509
桂林	52 706	5680	17 248	6923	483
北海	26 551	17 448	6837	1680	12
海口	64 117	29 934	34 102	5242	43
重庆	722 251	390 544	70 479	32 647	847
璧山	110 429	27 134	5030	4811	83
荣昌	27 691	523	322	820	1
永川	110 901	5565	3361	2340	40
成都	1 794 442	1 984 506	166 928	84 323	1535
自贡	82 419	21 302	1940	2880	51
攀枝花	16 977	2260	498	343	0
泸州	64 022	4561	2678	2326	4
德阳	48 948	9075	1148	1635	5
绵阳	387 289	31 793	12 943	12 673	190
内江	18 103	2211	0	1801	29
乐山	52 284	32 032	2007	2573	17

续表

高新区名称	R&D经费内部支出/万元	技术合同成交总额/万元	开展产学研合作科技活动费用支出/万元	拥有重要知识产权数量及各类标准数/件	拥有欧美日专利数及境外注册商标数量/件
贵阳	225 528	168 726	31 617	20 026	221
安顺	35 190	534	1124	1653	12
昆明	108 264	18 568	18 455	9066	431
玉溪	20 431	12 765	3946	6035	2003
楚雄	12 694	0	533	863	5
西安	4 109 042	4 925 224	123 295	123 339	1396
宝鸡	309 055	89 339	34 166	7535	132
杨凌	10 751	10 048	307	739	0
咸阳	34 072	14 570	6595	2015	10
渭南	18 485	5462	1032	1429	0
榆林	10 791	18 658	9223	1055	15
安康	12 758	12 796	1395	791	3
兰州	68 968	64 928	7241	7202	92
白银	13 930	17 503	5833	2247	3
青海	3383	573	1266	1260	8
银川	6914	50	612	569	4
石嘴山	32 377	100	340	626	35
乌鲁木齐	28 769	8803	5519	6450	35
昌吉	34 600	300	366	1496	3
石河子	29 940	0	9	417	0

四、国家高新区创新能力监测指标解释

（一）国家高新区综合指标

1.高新区工商注册企业数

指在高新区工商局登记注册的所有企业数。

2.当年新注册企业数

指调查期当年内在高新区工商局新登记注册的所有企业数。

3.当年认定的高新技术企业数

指调查年度内经过省、自治区、直辖市、计划单列市高新技术企业认定管理机构认定并经过全国高新技术企业认定管理工作领导小组备案，获得高新技术企业证书的企业数。

4.本年度高新区占所在城市生产总值（GDP）比重

指报告期内高新区GDP占所在城市GDP的比重，其中所在城市数据应为全市（包括城区和所辖县市）的总额；位于县级市的高新区，则是指高新区占所在县级市的比重。

5.研发机构数

反映国家高新区创新载体的集聚程度和以企业为主体的创新平台建设情况，主要是高新区内的省级和国家级研发机构数（包括各类大学、研究院所、国家重点实验室、企业技术中心、博士后科研工作站、国家工程研究中心、国家工程技术研究中心、国家工程实验室、新型产业技术研发机构、外资研发机构，2016年度起增加国家和地方联合实验室、其他国家级研发机构两项内容）。

6.创新服务机构数

反映国家高新区服务创新和创新成果产业化的支撑条件，主要是高新区内的省级和国家级产业促进机构数（包括生产力促进中心、技术转移机构、产业技术创新战略联盟、产品检验检测机构）。

7.孵化器和加速器内在孵企业数

反映国家高新区支撑科技创业的基础条件和服务能力，主要是位于高新区的科技企业孵化器、加速器和国家大学科技园内的在孵企业数。

（二）国家高新区企业指标

1.营业收入

指报告期内企业经营主要业务和其他业务所确认的收入总额。营业收入合计包括"主营业务收入"和"其他业务收入"。根据会计"利润表"中"营业收入"项目的本期金额数填报。

2.高技术产业营业收入

指按照企业所属国民经济行业代码分类提取的高技术制造业和高技术服务业的营业收入之和。

3.出口总额

指企业自营（委托）出口（包括销往香港、澳门、台湾地区）或交给外贸部门出口的产品、商品，出售给境外企业的技术或者为外商提供服务获得收益的总金额。包括外商来样、来料加工、来件装配和补偿贸易等生产的产品价值，以及境外技术合同或者服务实现金额。该指标自2016年起改用人民币为计量单位，2015年为美元计量，并按汇率进行折算。

4.技术服务出口额

指报告期内企业出口总额中的技术和服务的部分，不包括产品或商品的出口部分。该指标自 2016 年起改用人民币为计量单位，2015 年为美元计量，并按汇率进行折算。

5.净利润

指报告期内企业实现的利润在上交国家所得税后的剩余部分。按会计"损益表"中"净利润"项目的本年累计数填列。

6.年末资产总计

指报告期末企业因过去的交易或者事项形成的、由企业拥有或者控制的、预期会给企业带来经济利益的资源。资产一般按流动性（资产的变现或耗用时间长短）分为流动资产和非流动资产。其中，流动资产可分为货币资金、交易性金融资产、应收票据、应收账款、预付款项、其他应收款、存货等；非流动资产可分为长期股权投资、固定资产、无形资产及其他非流动资产等。

7.年末负债总计

指报告期末企业因过去的交易或者事项形成的、预期会导致经济利益流出企业的现时义务。负债一般按偿还期长短分为流动负债和非流动负债。

8.规模以上企业综合能源消费量

指调查单位在报告期内生产经营活动过程中实际消费的各种能源（扣除能源加工转换和能源回收利用等重复因素）的总和。计算综合能源消费量时，需要将各种能源品种的消费量换算成标准煤。

9.年末从业人员

指报告期末最后一日 24 时在本单位工作，并取得工资或其他形式劳动报酬的人员数。该指标为时点指标，不包括最后一日当天及以前已经与单位解除劳动合同关系的人员，是在岗职工、劳务派遣人员及其他从业人员之和。

10.R&D人员折合全时当量

指报告期内企业从事 R&D 活动的工作时间占全年工作时间一定比例及以上的专职人员。按参加 R&D 项目人员的全时当量及应分摊在 R&D 项目的管理和直接服务人员的全时当量两部分相加计算。

11.高技术服务业从业人员

指按照企业国民经济行业代码分类提取的高技术服务业的从业人员。

12.留学归国人员

指企业从业人员中出国学习、取得学位的归国人员。

13.外籍常住人员

指从业人员中在大陆连续居住半年以上的外籍人员。

14.R&D经费内部支出

指报告期内企业用于内部开展 R&D 活动（基础研究、应用研究、试验发展）的实际支出。包括用于 R&D 项目（课题）活动的直接支出，以及间接用于 R&D 活动的管理费、服务费，与 R&D 有关的基本建设支出及外协加工费等。不包括生产性活动支出、归还贷款支出及与外单位合作或委托外单位进行 R&D 活动而转拨给对方的经费支出。

15.技术合同成交总额

指企业报告期内在科技部门和商务部门进行认定和登记的技术合同成交项目的总金额。技术合同的类型包括 4 类：技术开发、技术转让、技术咨询和技术服务。指报告期内签订成立的技术合同。

16.开展产学研合作科技活动费用支出

指报告期内企业委托境内高等学校、境内研发机构、境内其他企业或者与境内高等学校、境内研发机构、境内其他企业合作开展科技活动而支付的经费。不包括外协加工费。2015 年度该指标不含委托境内企业开展的科技活动经费。

17.拥有重要知识产权数量及各类标准数

指报告期末企业作为权利所有人拥有的、经国内外相关行政部门授权且在有效期内的知识产权件数及各类标准数（包括专利、注册商标、软件著作权、集成电路布图、植物新品种，形成国际、国家或行业标准，2016 年度起增加新药品种、中药保护品种两项内容）。一件知识产权在境内外同时注册时只统计一件。

18.拥有欧美日专利数及境外注册商标数量

指在报告期末企业作为专利权人拥有的经欧洲、美国、日本知识产权行政部门授权且在有效期内的专利件数，以及企业作为权利所有人拥有的在国外或港澳台地区注册的商标件数。